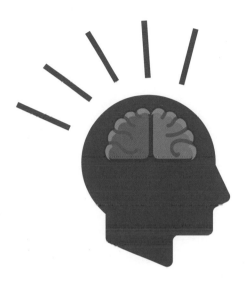

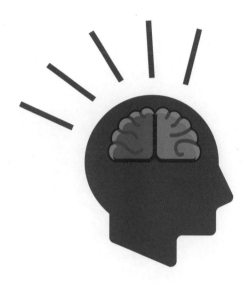

IO Key Secrets of Success

創業致勝的10大思維

——亞洲商戰心理學第一人張昶恩教你超前部署富裕人生之道

張昶恩 著

【目錄】

決定一個人成功的關鍵到底是什麼？

　　從事商業培訓近10多年，最常遇到學員問我一個問題就是：「決定一個人成功的關鍵到底是什麼？」

　　有人可能覺得是能力，有人可能覺得是經驗，有人可能覺得是要有資源，或者是要有人脈……。在我歷經近20年的職場經驗，我個人的一個心得總結是：其實上面的一些因素固然都對成功產生一定的影響，但是真正決定一個人是否能夠成功的一個核心要件——就是一個人所具備的「思維」。

　　所以有句話叫做：「思維決定一切」，任何有大成就的人，他的思維一定是跟一般人不一樣的，例如我在2010年跟中國首富馬雲先生的偶遇，從跟他聊天交流的過程當中，就能夠感覺出馬雲的思維確實與一般人的思維有很大的差異。

　　當時我問他創業成功的關鍵是什麼？他說的不是產品，也不是制度，而是告訴我「人」才是創業成功的根本，因為人生一切的問題都是人的問題！唯有了解人，改變人，才能無所不能，這句話也點醒了當時歷經11次創業失敗迷茫的我！

決定一個人成功的關鍵到底是什麼?

↑與中國首富馬雲先生合影。

而後來在一門國際商業心理學課程裡，我終於找到了創業成功的答案⋯⋯。也由於掌握了關鍵性的知識與核心的能力，讓我在2年內個人業績成長了33倍，團隊業績成長120倍。

　　之所以能讓我從當初的負債累累到邁向財富自由、從過去的自身難保到現在能助人實現創業夢想、從以前的自卑迷茫到如今的自信明確，都是因為不斷的學習新知，不斷的實踐所學所累積的成果！

　　之所以想要寫這本書，無非就是希望透過自己的一些學習心得以及市場上的實戰經驗，幫助一些想要在創業路上成功的朋友能夠少走一些彎路，能夠少犯一些錯誤，能夠加速創業成功的速度以及提升創業成功的機率。當然，也跟我設定的創業使命有關──「讓天下沒有失敗的創業者」！

　　然而成功者具備的關鍵思維到底是什麼？我將在本書揭露成功者所具備的10個關鍵思維。不管你是創業者、業務人員，或是各個行業的菁英朋友──只要你是想要創造更好的

結果，相信這本書你只要好好的閱讀、感悟並且實踐，它一定
會對你的家庭、工作，乃至人生，產生莫大的幫助跟影響！

最後，祝你創業成功、平安圓滿。

張昶恩

第 1 章
事物本源思維

「任何談論都是沒有用的，只有去做才有用。」
(Remember, if you talk about it, it's a dream.
If you envision it, its possible.
But if you schedule it, it's real.)

——安東尼·羅賓
(Tomy Robbins)

透過聚焦學習
打造專屬自己差異化的競爭優勢

「不要用蠻力來做事，要學會用智慧來做事；
想辦法以最省力的步驟，創造出最高的效率。」

為何 80% 的人忙碌又貧窮呢？

　　說到「忙」與「窮」的關係，或許更本質的是勤奮與能力的關係。畢竟「窮」的本質是技能提升的速度過慢，或是沒有掌握核心技能，直接制約能力變現。

　　至於「忙」，在於看起來的忙碌與勤奮，是真勤奮？還是只是看起來很忙的假勤奮？對窮忙族而言，常常會問自己一個問題：「為什麼我這麼努力，但還是賺不到錢？為什麼我這麼認真勤快，卻依然和社會上絕大多數人相差不大？為什麼我一天工作超過12個小時，每個月的經濟狀況還是入不敷出呢？」以至於誤認為：財富自由似乎是一個遙不可及的目標。

　　100個為什麼──最終導致窮忙族愈忙愈累，愈累愈焦慮，愈焦慮愈忙。由此，進入了一個永無止盡的負面循環。

　　而在這些問題的背後，其實是少數成功者所不曾告訴大眾的真相──也就是一個不斷勤奮學習各種碎片化知識理

論的人，未必能走向成功。

「勤奮就能成功，努力就有前途！」一向以來都是我們的認知誤區，也是過往「成功學」毒害了大家的一個錯誤信念，太多人把短暫而珍貴的一生，演繹成碌碌無爲的一生。

簡單來講，很多人學智慧、學管理、學商業模式、學營銷策劃、學寫文案、學網頁設計……等等。如果沒有一個系統性的布局與策劃，往往學的愈多愈會不知所措，也不知道該如何有效地運用所學。如此的盲目學習其實對事業成功並沒有太大的幫助！

想要出人頭地，就要敢於與眾不同

然而爲什麼絕大多數人會愈忙愈平庸？從自然界裡也許能找到答案，原因來自於物種的「同頻性（Co－frequency）」：人類是群居的動物，簡單來說我們很難不

成爲絕大多數。

　　舉一個很簡單的例子，相信你一定聽過「物以類聚，人以群分」這句話什麼意思呢？就是說我們在某個環境很容易被同化，舉例：假如你今天到了美國加州的聖地牙哥天體營看見大家都不穿衣服，而只有你穿衣服，請問你會怎麼做？在正常情況下，你也會被同化，馬上脫掉衣服。為什麼會這樣呢？因爲人性使然，人性潛意識生怕跟大家不一樣，就會遭遇排斥、打擊、嘲諷。所以潛意識最好的選擇是跟大家保持一致，然而，人天生就離平庸很近，離出色很遠。換個角度，從生物天性而言，舉凡遷徙的候鳥或是一切群體性生物（包括人類）一切動物行爲都有同頻性跟一致性。

　　這裡的「同頻性」是指群體中的個人或某個人，往往會與群體中的大多數保持相同的行為軌跡，而個體卻從來不思考這樣的行為軌跡到底是對是錯，是否會產生風險。就是因爲大家都這麼做，也沒什麼大的差錯，生怕自己跟別人不一樣。從心理學跟社會傳播學的角度來說，這種現象又稱爲「集體

無意識」。

　　簡單說，就是人們更習慣於做和別人一模一樣的行為和生活選擇，以此確保自己是足夠安全的。也就是說：當大家都用iPhone手機的時候，你也會用；當人家都買口罩的時候，你也會去買；當大家都因恐慌去囤積物資的時候，你也會無意識的跟大家一樣去囤積物資。

　　同頻化的步調讓絕大多數人的勤奮與努力變得毫無價值。根據19世紀經濟學家帕列托的「二八法則」(註)成功者永遠是少數的，如果沒有你自己的想法，一味模仿大眾，那麼到頭來大家都一樣，你注定就是暗淡無光。希望用以下這句話來解釋勤奮者的困惑，那就是——你看起來很努力，努力到在人群中，根本沒人認出你，因為你的努力和大家都一樣。

　　這也稱之為「愚蠢的勤奮者」，換句話說你的努力毫無個

註：又名「80／20定律」、「帕列托法則」，是19世紀義大利經濟學家帕列托(Vilfredo Pareto)通過觀察英國人的財富和收益模式得出的一個結論：即社會上20%的人占有80%的社會財富。

性化，差異化可言，自然也就毫無價值可言。你只是和社會上那些看起來很努力很忙的人一樣，每天堅持的工作，但你碌碌無為的一生，壓根沒為自己和社會創造出任何價值，你只是為了更快的度過時間。然後，用盡一生，為自己營造出一個自以為感覺良好的幻覺！

在過去，這樣「別人做什麼我就做什麼的思路」的天性讓不同物種得以存活下來，而在互聯網時代的今天，一個鼓勵多元化，強調自媒體的時代裡，這樣的思路則適得其反，人愈隨波逐流，就會愈顯平庸。所以就現在而言如果你想要出人頭地，就要敢於與眾不同，敢跟別人做不一樣的事情，才有機會成功！

透過聚焦學習，打造差異化的競爭優勢

那至於要如何避免成為一個愚蠢的勤奮者，就要學會「聚焦法則」。做任何事情，只做自己最核心最擅長的部分；其他不是最核心的，都盡量授權給別人去做，讓自己的時間價

值產生最大的槓桿效應。換句話說，也就是把自己不專業的事交給專業的人來做。

舉例說明：一個人不懂設計卻想要自己設計房子，於是花了台幣15萬元，半年的時間去學設計，結果沒學好，功力不夠，最後仍然無法設計出自己想要的樣子，不但損失了金錢也浪費了寶貴的時間。如果在第一時間我們直接花錢請個優秀的設計師，讓專業人士替我們操刀，也許只要幾天就能完成了，而原本6個月的時間，可以用來做最擅長最有生產力的事情，而所創造出的財富，也許足以支付設計師1年，甚至更長時間的工資。

不要用蠻力來做事，要學會用智慧來做事；想辦法以最省力的步驟，創造出最高的效率。

曾經在某本書上看過一句話「成功來自精準的勤奮，而不是平庸的忙碌。」大多數成功的人，都是把事情做對點子

上，而不是把事情盲目的去做——看似辛苦、沒有規劃、沒有邏輯性，最後都是假努力。請記住，若要成就不一樣的事業，就要做別人無法做、做不到或難以做到的核心要件上，唯有如此，我們才能真正脫穎而出！

遵循學習5大步驟，將知識變現金

常常會有很多學員問我關於學習的事，然而到底要怎麼學習，才能把學到的東西學以致用呢？

接下來跟你分享高效學習的5大步驟，只要按照此步驟模型學習，任何學問跟技能都可以在最短時間內學會並內化。這5大步驟分別是：

1.初次接觸。
2.重複印象。
3.開始使用。
4.融會貫通。

5.不斷加強。

以上5步驟是我學習近20年的心得總結,任何人只要落實此5人步驟,沒有學不會的知識與技能,反之沒有按照此5大步驟來學習,往往都淪為表面的學習,讀再多書上再多課,也幫不了自己。

請記住:沒有系統性的知識含金量都是有限的,沒有內化到潛意識的知識也無法變為能力來展現,很多人之所以無法學以致用,原因不在於輸入端的能力(知識儲備),而在於輸出端的能力太弱,導致學而不用,就像農夫只耕地、買種子,卻不播種,是同樣的道理!就好比你今天要學如何打籃球,如果你不下球場,就算籃球之神麥克‧喬丹(Michael Jordan)親自教你,最終一樣學不會!

所以請務必按照此5大步驟來學習!形成「輸入(學習)→ 輸出(行為)→結果(成功)」的良性循環!

所以關鍵在「用以致學」而不是「學以致用」！持續堅持你將會發現你的成長速度飛快，自信心也會變得日益強大，生命當中的一切事物都會愈來愈美好，這就是學習的好處！

創業成功者必備三力

　　看到這你可能會有個疑問：世界上的知識五花八門，一輩子也學不完，那麼到底要學什麼知識與技能才是最核心、最關鍵的呢？

　　如果是創業的角度，每一位創業者必修能力如下：

1. 決策力
2. 溝通說服力
3. 戰略設計力

　　這三力是每一位渴望創業成功的人必須要具備的，欠缺任何一項能力都會對創業成功帶來巨大的影響！

　　相信看到這裡你一定也認同學習的重要性，因為學習力決定競爭力；活到老、學到老，人一生都在不斷地做學習。商場如戰場，奮戰在第一線的營銷實戰家是動真刀、動真槍的，每天都用真金白銀在操作，每天都面臨著風險及挫折。

　　營銷實戰家也許會靜下心來寫書寫經驗，但是，營銷學者或者培訓師是很難走向營銷第一線，所以衡量標準最簡單的方法就是，仔細觀察他們的做法，不是指他們內容說了什麼，而是他們正在做的是什麼事。

　　「別聽他說什麼，只要看他是靠什麼賺錢的！」這點如果你搞明白了，你就知道如何選擇了。

專心學好一件事＋逆向思維＝快速成功

我所瞭解的有兩位很厲害的企業家同時也是作家：第一位是世界第一潛能大師安東尼·羅賓（Anthony Robbins）寫的《喚醒心中的巨人》；第二位是中國知名企業家史玉柱寫的《巨人歸來》。

這兩個人都是透過文字賣東西的高手，要知道學寫作要有毅力及意志力，保持每天萬字以上的寫作習慣，很重要。最忌諱的就是很多人到處下載免費的和購買大師的營銷資料，電腦硬碟裡儲存的營銷資料至少有上百G之多，卻沒有用。為什麼呢？因為當你不停的去尋找更多資料學習的時候，你已經失去了最寶貴的東西。

網路上有各種五花八門的營銷課程，這邊我要告訴你一個原理：營銷大學就像國家圖書館，你不可能把每一本書都讀完，把每一位老師的課程都學透、弄精，並能適當運用出來，那是不可能的。與其朝三暮四、三心二意，還不如專心一

點，全神貫注把一本書給讀透，把一位老師的課程學透，把一套技術用到極致，就可以在網路上占有一席之地了。

進入網路時代，瞭解了LINE、FB（Facebook，中文叫「臉書」）這些平台，這是給我們平凡人最好的一個創業平台，完全可以把你的LINE帳號變成一個賺錢的公司，這是經過實踐驗證的。因此，我想給要在網路時代創業，並想真正賺到錢的你們一些建議：花點時間學會接下來的逆向顛覆思維，你也就學會了布局，學會精準換算思維，也就懂得「換」、「算」，學會農夫育成思維、致勝戰略思維等等，這麼一來你就學會了如何最快速獲到你想要的資源，便會有賺不完的錢！

我們做銷售只吸不推，基本框架請看下面的對比：

◎很難賺錢的模式：

瘋狂發訊息打廣告→被封鎖被黑名單→賣不出的產品→賺不到的錢→持續拉人頭，繼續發廣告訊息→心灰意冷退出→尋找別的工作和項目→陷入負面循環→一輩子為錢煩惱

◎*輕鬆賺錢的模式：*

提供價值→持續提供價值→開始成交→陸續成交→繼續提供價值→客戶轉介紹→賺到更多錢→實現夢想→人生圓滿

你會發現：別人在臉書上天天發文、直播賣東西，我們在FB臉書分享的都是一些生活日常、人生方向、解決方案，之後你會發現我們每個月收入是別人的十幾倍以上。

同樣是分享，為什麼會有這麼大的差異？到底什麼是分享思維？

「發商品廣告訊息」與「分享有價值資訊」的人，隔一天看，沒有什麼區別；隔一周看，差異甚微；隔一個月、隔一年看，收入上就有了巨大差別。

舉個例子說明：有位木匠砍了一棵樹，將它做成三個木桶：一個裝糞，叫「糞桶」，眾人躲著；一個裝水，叫「水桶」，眾人用著；一個裝酒，叫「酒桶」，眾人品著。

有人透過亂發訊息打廣告被視作「糞桶」，他也認為自己

在分享；有人透過分享資訊被人視作「水桶」，因為他提供一些有價值的東西；有人透過分享秘密被人視作「酒桶」，因為他提供的是別處輕易看不到的價值。

能清楚中間的差異性嗎？而你，想要成為什麼？

那我們以後要分享什麼呢？

任何有價值的東西都可以拿來分享，吸引人們，吸引粉絲，把一切有價值的東西透過你的改編變成無形的產品送給你的客戶，是分享創造財富的核心關鍵！

無論你如何努力，不可能讓全天下的人都認可你的產品，喜歡你這個人；但只要進行分享思維，自然會有一些從你這裡受益，願意付出、有愛心、同頻率的人跟隨你，想和你一起走一段路程。

根本不需要追求十萬、百萬的粉絲朋友，而是透過分享價值資訊，吸引一群同頻的夥伴，專注服務好這1000到3000個粉絲用戶，讓他們生活變得更好就可以了。

當你真正理解「分享」這兩個字，就會知道：賺錢不單單要學一些方法，更要提升到「利他」的層面去思考。

你能真正幫助到別人什麼，一旦掌握了，你就擁有一種莫名的能量氣場，自然會吸引別人主動向你購買產品。

營銷的最高境界，就是不營銷，透過價值分享，幫助客戶，也等於幫助了自己。

當一個人思考的維度變多了，他可能對面前所遇到的困境會有完全不同的解讀，並且由此找到很多解決的辦法，那麼這個困境在他眼中就不是困境。

透過思維的轉變，讓你看問題的格局和角度拉高，產生了巨大的改變，過去的你可能認為是極大麻煩的事情，現在在你看來不過是小菜一碟，甚至都不能算是個「麻煩」。

不僅僅「麻煩」本身難度在下降，解決「麻煩」的方法也變得多樣起來，就好像條條大路通羅馬，掌握思維的你很快就會到了這個境界。

　　這一切的轉變都來自於思維層面的改變，只要掌握關鍵
思維，人生一切都不是難事。

創業致勝的 10 大思維筆記

第 2 章
逆向顛覆思維

「當別人貪婪時，你要恐懼；
當別人恐懼時，你要貪婪。」
(*Be fearful when others are greedy and
greedy when others are fearful.*)

──華倫·巴菲特
(*Warren Buffett*)

順向思維賺小錢
逆向思維賺大錢

「逆向顛覆思維的 12 字箴言：確定目標，選對框架，提升能力。」

逆向顛覆思維的第一步：確定目標

所謂「逆向顛覆思維」，是指從事物的反面逆推去思考問題的思維方法。反之，沿著人們的習慣順向去思考問題的思維方法，稱之為「順向思維」。

逆向顛覆思維的第一步，就是先明確你想要的結果「目標」是什麼？從結果出發，選擇對的時空角度，再去做行為。無論面對什麼事，都先問自己：我做的這件事情與我的目標有關嗎？如果有關，立即行動；如果無關，立即屏蔽。一個人能有所成就，是絕對地聚焦；一個人平庸普遍，就是因為他將有限的精力分散到了各種與結果無關的事。

以我目前從事商戰培訓事業，對我最核心的事就是如何打造自動「招生系統」及不斷提升「授課品質」創造100%的滿意度，其他外圍事情都可以授權給別人來做！

所謂逆向顛覆思維的核心，就是不去研究現有的能力跟

資源能幫你得到什麼結果,而是要去思考,達到這個結果需要什麼能力跟資源,進而再去採取相對應的行動。把不足的能力提升,把欠缺的資源補齊!

假如能力、資源具備,選對時空角度,就立即開始做行為;假如沒有資源,能力也不足怎麼辦?不是輕易放棄,而是思考如何把能力提升或補齊資源來達到想要的結果。

評估現有的能力資源出現了什麼問題?遇到什麼瓶頸?想辦法去補強那塊缺口,就像一個破了洞的水瓶,你不去處理那個洞口,是不是裝再多的水也會有流光的那天?所以要去解決根源的問題,當問題都獲得了解答之後,相信你要的結果將自然地出現。

所謂的成功者,只不過是看問題的角度不同,因為思維的方向不同,所以看到的結果自然就不同,並不是成功者就有多麼的了不起,而是他們擁有逆向顛覆思維的思考方式。

原來商場上所謂的神話,不過就是一般人的思維所不易

理解的平常話。

這個世界上，97％的人按照「順向思維」來賺錢，只有3％的人用「逆向思維」在賺錢，結果是3％的人賺了97％的人累積賺到的錢，其中3％裡有0.1％的人，把多數人顛倒過來的再顛倒回來賺錢，除了賺到錢，也得到名利和成就，這就是所謂的超級成功者！

那麼如何把逆向顛覆思維用在實際生活上呢？
記住這十二個字：確定目標，選對框架，提升能力。

舉例：你今年想提升收入，先設定你今年想要的年收入是多少，假如是台幣100萬元、200萬元，或是1000萬元等，這是你想要的結果，再來就用逆向顛覆思維逆推回去，解析推理幫你快速達成。

解析推理，化繁為簡，實際操作年賺百萬的神奇數字工具：

假如你想年賺30萬元，每天只需要約賺821元；

假如你想年賺60萬元，每天只需要約賺1643元；

假如你想年賺100萬元，每天只需要約賺2739元；

假如你想年賺200萬元，每天只需要約賺5479元；

假如你想年賺500萬元，每天只需要約賺13698元；

所以，如何實現一年賺500萬元的目標？

乍看之下是不是會覺得很困難？可是現實生活中其實已經很多人賺到了500萬元、1000萬元，甚至更多！！他們是如何做到的呢？

其實很簡單，看怎麼去解析推理，實現一年賺500萬元。

●步驟 1：如何年賺 500 萬元？

500萬元除以一年12個月，每個月要賺42萬元，42萬元再除以每個月30天，每天就是1.4萬元。換句話說，想要實現每年賺500萬元，我們需要的是每天要賺1.4萬元。這數字看起來是不是比較容易了呢？

●步驟 2：如何能夠每天賺 1.4 萬元？

簡單點的方式就是銷售產品，假設有款產品，每個的利潤是 2000 元，那想要賺到 1.4 萬元，是不是只要賣 7 個就可以了？

保守點假設每個利潤是 1000 元，算一下，是不是賣 14 個就夠了？

所以現在，我們的結果從每天賺 1.4 萬元，變成只要每天賣 7 ～ 14 個產品，這樣是不是簡單許多了呢？

●步驟 3：如何每天賣 14 個產品？

假設開的是實體店面，需要做的就是增加客流量，比如可以採用異業聯盟、魚餌行銷或多管道投放廣告等。

假設是線上網路創業，網路商店的轉換率是 2%，那麼想賣出去 14 個產品，需要的就是 700 個流量。現在，我們的目標又產生變化了，從每年賺到 500 萬元，到變成每天獲取 700 個流量。

●*步驟 4：如何每天獲取 700 個流量呢？*

網路上獲取流量的方法實在是太多種了，例如Facebook、Instagram、YouTube、Spotify、Netflix等。把各種方法測試一遍，總結下來效果最佳的方法再進行優化、放大，不用貪心，把一種方法搞到精通後，700個流量輕鬆就得到了！

這樣下來，每年想賺500萬元只需要每天獲取700個流量，可以自己執行或是雇用員工來做，只要按照每天獲取700個流量，12個月過後，500萬元這個結果自然而然地就出現了。

相信看到這，有人還是認為年賺500萬元不太可能，那也可以分解為年賺100萬元，年賺50萬元，按照上述神奇數字工具分析下來，就可以知道每天的時間分配的工作量，於是年賺500萬元就是十拿九穩的事。

逆向顛覆思維的第2步：把目標的細節量化

那每天獲取700個流量需要什麼核心的能力呢？就是文字的力量，無論是Facebook、Instagram、YouTube、Spotify、Netflix，任何想得到的網路社交平台，都是由文字組成的文案寫作，所以必須要有運用文字的技能。

假如今天工作只有你一個人，專注力是需要具備的，鎖定好每天要完成700個流量的目標，建議可以戴上耳塞或眼罩，一來能防止被外界事物所干擾，二來也能減緩眼睛上的疲勞感，可以幫助你更專注一件事情。

適時的解放繃緊的神經，打斷倦怠感的產生，是能提高工作效率。過度專注，想一次把所有事情做完，反而降低生產力。

重點是百萬神奇數字工具你要透徹去領悟，你選擇的產品是1單100元利潤，還是1000元、10000元1單，都可以去思考的。但建議利潤低於1000元的產品就不要考慮做了，因

為你所付出的時間和精力沒辦法獲得相對等的回報。

　　就好比今天撿到100元和撿到1000元所花費的時間和精力是一樣的，但結果卻是差了巨大倍數。如果你目前的工作方式讓你感覺很疲乏很複雜的，就說明了你的工作方式出現問題，工作方式出問題就代表你的思維方式出了問題。

　　把你的工作目標、行為和時間在紙上做細節量化的動作，不僅要放棄整塊時間，也讓每個行為、動作簡單化，盡量都可以在30分鐘內完成。假如30分鐘內完成不了，就再一次做分解，這樣一來你就能在任何時段完成一個步驟，甚至有幾時還會不由自主地想再堅持一會兒。

　　簡單的30分鐘和堅持一會兒可以讓你無論是工作繁忙、心情好壞，都不會再是阻擋你計畫的理由了，將使你完成最繁重的工作任務，並且自動自發想要把事情完成。

　　這分解之後的流程就是先在紙上或腦袋思考上的量化：結果→目標→行為→方法。

接著在行為上量化倒推回去：方法→行為→目標→結果。

　　想要的結果沒有設定好，可以繼續細分下去，直到分成最小的那個點，就像身體構造哪邊不舒服，一層一層的去找最核心的那個點，找到後再做最有效率的解決。

　　把工作想像是一場遊戲，每一關都有不同任務要去破解，最後闖關完畢會得到成就感，這樣想的話，工作就不再只是工作，而是在做自己喜歡的事情，可能犧牲休假，犧牲陪家人吃飯的時間，因為那是他的全部樂趣所在。

逆向顛覆思維的第3步：學習將順序逆推

　　當你的熱情全神貫注在一件事情上，你不會感到厭煩、疲憊，甚至覺得這些累都是值得的！千萬不要花台幣幾百萬、幾千萬元買一個項目或專案，結果把自己給綁住了，每天的時間都被鎖在那裡，你是給自己買了一份工作，還冒很大的

風險，是不是很不智呢？

　　舉一個生活中常見的現象，比如在高層樓的建築大廈，每到中午用餐時間，一樓總是大排長龍的人們在等電梯，時常等下來都是十多分鐘的時間，可是有些人可能只花一分鐘就能搭上電梯，這是為什麼呢？這時如果你懂得如何運用逆向思維就不會在一樓跟著大家一起排隊，你會先悄悄的上二樓，搭上往一樓的電梯，先跟著往下，就能輕易地獲得一個上樓的位置，這個逆推方法是不是能讓你不用跟著排隊就能快速搭上電梯了！

　　很多的思維模式和你的身分、學歷、背景無關，舉個例子說明：律師和清潔員在車上相對而坐，聊著聊著，律師說：「我們來玩個遊戲，我考你一個問題，如果你沒答出來，要給我10元。你也考我一個問題，我沒答出來，我給你1000元如何？」清潔員答應了，律師問：「水是由什麼做的？」清潔員不發一語遞給律師10元，接著清潔員問：「是先有雞還是先有蛋？」律師毫無頭緒，無奈地給清潔員1000元，清潔員收了錢之後準備

睡覺，律師追問：「所以到底是先有雞還是先有蛋呀？」清潔員不發一語的遞給律師10元，然後呼呼大睡去了。

這個例子告訴你，學歷高低並不重要，掌握思維模式才是重要的關鍵！

逆向思維是所有高人都需要具備的一種思維模式。所謂的「逆向思維」是和「順向思維」相對應的，差別在於先後順序的排序不同。

這裡就用簡單的例子來排序對比一下，或許比較能理解：例如，如果今天我們說一個女大學生，下課後晚上會去夜店陪酒，這樣聽起來這個女大學生好像不上進很墮落，可是如果陳述的順序顛倒一下，聽起來的感覺就會完全不一樣：一個晚上在夜店的陪酒小姐，白天還堅持去學校上課進修，是不是感覺就不一樣了？甚至有一種很勵志的感覺。

所以，不管是說話談吐還是寫銷售文案的時候，語言結構的順序是非常重要。

如果按照：先學技術、方法、道理，這樣的順序會很辛苦，

會走很多彎路，這是絕大多數人的學習順序，然而這樣的學習方式往往效果有限。我看過太多人因為錯誤的學習思維，最後成為職業學者，光學不用，最後不但無法讓知識變現，還浪費了很多時間跟金錢，實在可惜。

如果按照：先理解道理、得知方法，再來學技術，你會走得比其他人都快，這是少數人在走的成功捷徑，張老師提供給你的資訊將會帶領你往這條路上前進。

說起來這樣的思維模式好像很簡單，實際上就真是非常的簡單，簡單到不能再簡單。

請切記這14個字：順向思維賺小錢；逆向思維賺大錢。

逆向顛覆思維的第4步：逆向思考翻轉困境

再與你分享一個網路上有名的故事：愛爾蘭劇作家蕭伯納（George Bernard Shaw）60多歲的時候，他私人的

醫生已經70歲了，同時他們也是很要好的好朋友，某天半夜的時候，蕭伯納突然覺得心臟很痛，感到很害怕，疑似是心臟病發作了，趕緊打電話給那位醫生，請他立刻過來。

因為他很擔心也許不會看到明天的日出，那位醫生到了後，需要爬五段階梯，已經是70歲的老年人，帶著公事包努力地爬樓梯，終於到了蕭伯納家裡，此時的醫生全身冒汗，很累的倒坐在地板，氣喘吁吁閉上雙眼，蕭伯納緊張地問：「發生什麼事了？」那位醫生將蕭伯納的手放在他的心上，蕭伯納驚訝地說：「天啊！你的心臟病發作了！」

蕭伯納也了解了為何醫生會突然心臟病，開始幫醫生扇扇風，用涼水替他洗臉，並且倒了一些白蘭地酒給他喝，蕭伯納想盡辦法的幫助醫生讓他好點，完全忘記自己就是因為心臟病而請醫生來治療的。

過了半小時後，醫生覺得好一些了，他說：「我現在沒問題了，這是第三次發作這樣大的心臟病，我以為這是最後一次，但還好有你的幫助，現在請你付費用給我。」

蕭伯納很疑惑：「付給你費用？剛剛都是我在忙來忙去照顧你耶，應該是你要付給我費用才對吧。」

那位醫生接著說：「錯了！從頭到尾都是我演出來的，我對每一位心臟病的病人都是這樣處理的，也都很有效，他們跟你一樣會忘記自己的心臟病，開始照顧我這個70歲的老人。」

最後，蕭伯納真的給了醫生費用。

蕭伯納說：「這方法真的很了不起，一直以來我都覺得我是個很會開玩笑的人，結果實際上，這位醫生比我還會開玩笑，真的把我給醫好了。」

它只是一個小小的疼痛，是人們的腦袋把它想得太嚴重———對於心臟病的恐懼，擔心害怕死亡，往往大過於真實的嚴重性。

換作是其他的醫生，一定會開始對它用藥注射，然後叫病人多休息，或改變環境周圍的溫度，請一個24小時的看護照顧，變成很複雜的現象。但是那位醫生手法卻很高招，快速

且有效，一點都不複雜，他讓病人幫助別人，同時忘記自己獲得自救。

　　上面分享的不是故事，其實每個人的生活裡就有這樣的事情發生，也可能發生在你身上，只是你不懂背後的邏輯。想想看是否曾經好友因為失戀而傷心欲絕，結果卻因為遇到「同病相憐」的人而從失戀中復原呢？

　　美國一位婚姻顧問師芭芭拉（Barbara）女士，她曾多次墜入愛河卻又被拋棄離異，想知道她是如何走出婚姻破裂和情感創傷的低潮嗎？

　　她就是透過幫助無數多和她同樣遭受到感情打擊的人走出困境，同時自己也獲得解脫，而成了全球最著名的兩性關係專家和職業演說家。

　　想想自己生活中有什麼困境是讓你走不過來的，也能透過幫助遇到同樣問題的人而獲得自救，逆向顛覆思維的方式，可以用在事業經營、人際關係、兩性交往、家庭相處、親子互動、學習成長各方面都可以運用，簡單來說就是順序的一

個顛倒，但最後所帶來的效果卻有巨大的不同。如果你想要和其他人有不一樣的結果，那麼思維模式的改變是必須要的。

創業致勝的 10 大思維筆記

第 3 章

精準換算思維

「機會對於不能利用它的人又有什麼用呢？正如風只對
於能利用它的人才是動力。」
(What is the use of opportunity for those who
can not use it? Just like wind is the driving force
for the talents who can use it.)

——赫伯特・西蒙

（Herbert A. Simon）

只要思維模式不同
眼界、格局也會不同

「精準換算之道就在於『換』，更在於『算』；只要明白了『算』，後面再去『換』，就敢大膽的去投入、去行動；換句話說，就是敢去『送』，才捨得『送』！」

有錢的人和沒錢的人究竟差別在哪裡呢？

　　如果把「本源思維」給搞懂了，就可以把過去的思路釐清開來；把「逆向思維」搞懂，就能設計一套銷售流程，學會去布局。這些過程是必經的，循序漸進，適當演練。有句成語是：「深謀遠慮」，意思就是說計畫周密且思慮深遠，用來形容人心思縝密、思慮長遠、精明老練。

　　「精準換算思維」一旦你弄懂了，就能了解營銷模式背後真正暗藏的祕密，這時也能清楚知道這種思維所能產生的爆發力。

　　為什麼計程車司機每天努力開車16小時還是賺不了大錢？為什麼一般上班族每天勤奮工作也只是領微薄薪水？為什麼窮人努力一輩子辛苦上班還是窮人？反之，有錢人賺錢只會愈賺愈多，愈賺愈輕鬆。那麼到底有錢人和沒錢人真正的差別是什麼呢？

其實還是思維模式的不同而已！

真的只有思維模式的不同！

確實只有思維模式的不同！

太重要了所以我要重複對你說三次！簡單來說，銀行裡有台幣千萬元的人，和錢包裡只有十塊錢的人，有什麼區別嗎？

其實就只差在他們的思維模式不一樣，就產生了不同的眼界、格局。

很多人可惜就可惜在於他的思維，限制了他的發展，就像很多的老闆為了降低成本節省開銷，產品自己研發、客戶自己找、行銷文案自己寫、會計自己當……，結果最後往往事業沒有成功，還因此葬送了自己的健康。社會上因過勞死的老闆，我們時有所聞，其實創業當老闆可以很有效率，甚至

可以很輕鬆，只要學會一套精算的技巧就好了。

　　這就是有錢人背後暗藏的思維祕密，但很多人不了解、看不懂也想不通。那到底什麼是「精準換算思維」呢？

　　「精算＝換算」，無非就是計算你拿了多少、拿出什麼來做投入的行為，以獲得更多成就及收穫的換算智慧。

　　精準換算之道就在於「換」，更在於「算」，只要明白了「算」，後面再去「換」，才敢去投入；換句話說，就是敢去「送」，才捨得「送」！

　　只要我們能夠透徹理解背後原理，人生絕對能夠左右逢源，事業也一定能快速發展，然而大多數創業者之所以無法快速取得成果，就在於以成本思維來做事。

成本思維＝顯性成本＋隱性成本

　　然而什麼是「成本思維」呢？「成本思維」又包括顯性成本和隱性成本，你在計算盈虧的時候，用不同的計算方式去算，會得到完全不一樣的結果。成本思維可以在細分成現金成

本、時間成本、人力成本、邊際成本、機會成本。

　　而成本思維在過去百年多年來就已經在人類思維上根深蒂固，但最容易忽略的就是隱性成本。因為提到交易買賣，大多數的人第一個就是想到金錢，其實除了金錢以外，生活中還隱藏了許多的隱性成本，例如：時間成本的價值都遠遠超過現金成本，而忘記了「時間更勝金錢」、「寸金難買寸光陰」的道理。

　　舉個生活中的例子你們就會明白：很多人在選擇交通工具上面，總一味的追求便宜，而不考慮這過程的時間，像是要從台北到高雄，有些人可能會覺得高鐵票太貴了，而選擇了客運、火車，但換算時間成本的話，客運單趟過去就要花上5個多小時！而高鐵只需要一個半小時就到了。在客運上的5個小時，車子搖搖晃晃基本上也很難處理事務，只能睡覺，而每逢連假期間，高速道路上一定會塞車，於是光塞車的時間成本又拉高一倍！搭高鐵的話相較是比較穩定，車上還有桌子能使用，可能事務處理完畢前就抵達高雄了，這是沒有計算

時間成本最常見的生活案例。

精算思維的關鍵是要先看到選擇背後的取捨，以及判斷它的收益或損失。

在日常中我們不難發現身邊有些人看起來是再普通不過的普通人，沒有高學歷、沒有家庭背景，但卻有很高的成就，而有些人一路念書從國小、國中、高中、大學到博士碩士畢業後，卻找不到工作，這說明了念書所得到的學歷，在出社會後不一定等於成就。

有些人看上去可能很平凡，但腦中卻充滿了智慧，他們懂得感恩，善於付出，凡事以對方的需求為出發點。事實上這樣的人，生活都是非常順利的，講白點其實他們都是懂得精準換算思維的人，他們可能沒有信仰的宗教，但他相信的是自己精算的結果，很清楚知道自己要的是什麼結果，再去做行為。

從「賠錢」中賺錢的背後祕密

在商業界,我們常會看到有些企業家表面好像很虧錢,好像沒賺到錢,但實際上他們懂得換算思維;即使前端不賺錢,後端還有其他地方在賺錢,這樣最後總結下來還是賺錢的。

曾經在網路上看到一個故事頗具啟發,內容大概是這樣的:話說有位破產的老闆,竟然可以在短短幾年內資產就突飛猛進,淨利到 ‧億元,創下了一個商業神話。這時就有很多記者跑去採訪他有關從新崛起的祕密,他只講了五個字:「我只拿五分。」

時間又過了幾年後,他的總資產像積沙成塔一樣愈來愈高,達到了一百億元,於是他有句經商名言是:「如果六分適當,七分也行,那我只拿五分。」所以,他真正成功的原因是厚道嗎?

如果有這麼簡單的話,大家都按照這種厚道的精神去做

就能成功，那為什麼還是有那麼多人做不到呢？

因為絕大多數的人不會算，不會換算。如果他懂得換算，自己算明白了，不用說厚道或是吃虧，他自己就會主動去做了，這就是在明白精準換算之後的行動力。

老闆做生意，想要得到的結果就是為了賺錢；如果知道這是虧本生意，應該沒人想做。

有句話是這樣說的：「賺錢的生意搶著做，賠錢的生意沒人做。」只要有賺錢，就有人敢冒險去做，那如果是賠錢的生意，肯定是沒人要做了。

然而，有些精明的老闆，專門從「賠錢」中去賺錢，跌破大家眼鏡，很驚訝的是這些做賠錢生意的人，結果不只沒有賠本，反之是賺了更多，甚至富可敵國。

有間日本藥妝店的老闆，他的經營策略就是從賠錢中賺錢，老闆當時將售價日幣500元的藥膏以日幣150元售出，看到那麼便宜的價格，吸引了好多人去購買，生意每天大排長龍，業績非常好。

　　因為這位老闆是以看似賠錢的方式去做銷售：買藥膏的人愈來愈多，表面看似愈賠愈多、入不敷出，但實際上，整個藥妝店的營利數字卻是一直在破紀錄，為什麼呢？因為會來買藥膏的人，一定也有其他藥品的需求，所以他靠其他藥品的利潤彌補藥膏的虧損，還讓藥妝店的生意做得風生水起，以這樣的商業模式不但大幅度拉高了藥妝店的人潮與業績，也帶動整個加盟連鎖的版圖，在短短2年便開展了200家的分店。

懂得精算思維，提前投資的重要性

　　反觀那些沒落的億萬富豪，就是因為他們不懂得透過付出及捨得，讓底下員工對他們死心踏地；相較之下，也有些富豪數年如一日，經過各種風吹雨打依然屹立不搖，就是他們懂得精算思維，了解提前投資的重要性。

　　就像他們在生意成功的時候，會先幫助一些窮困的孩子念書，甚至提供就業機會，因為他們知道「窮人的孩子早當

家」的道理，只要受到幫助的孩子當中，十個裡面有一個成就大業，將來帶給他的回報便遠遠超過當初資助的費用了。

那如果當中有三個、五個孩子成材成器，這個回報就無可限量了。這些被幫助的孩子會在未來十年成為老闆最忠誠的鋼鐵守護者，只要老闆有需要，他們肯定會任勞任怨做任何事，甚至有人忠誠到可以付出性命。

用簡單的方式來計算你是否能賺錢。你想要賺錢，那錢從哪裡來？從客戶那裡來，那麼我們從客戶的角度來計算：

對客戶而言，你的給予大過於獲取，就是資產；反之，你的獲取大過於給予，就是負債。例如：給予100，只獲取10，對客戶來說這是大資產，所以你是大資產，會有很多人需要你，這時候就能輕鬆成交客戶。

所以你能否賺錢，取決於客戶對你的相信，「只要相信的問題沒有解決，等於你的產品對他沒有好處。」這才是真正的核心所在。

總而言之，你相信誰，誰就是你的算命師；你相信的
人是自己，那你就是自己的算命師。

　　精算思維能夠讓你對自己的項目或專案、事業、產品、客
戶都有個未來已知數，而且都要比你去算命還準，所以一個
看似簡單的案例，只要你會算數、算帳，而不是去給人算命，
因為你的人生是你自己的，自己的命運是要自己掌握！

創業致勝的 10 大思維筆記

第 4 章

農夫育成思維

「播種行為，可以收穫習慣；播種習慣，可以收穫
性格；播種性格，可以收穫命運。」
(Sowing behavior, can harvest habits;
sowing habit, can harvest character; sowing
character, can harvest fate.)

——威廉·梅克比斯·薩克萊
(William Makepeace Thackeray)

農夫育成思維的5大要件

「農夫育成思維的核心就是 6 個字：先培養，後收成。」

「獵人」和「農夫」，你選哪一種？

如果有這樣一個遊戲，在虛擬世界中，選擇兩種角色：一類是「獵人」，每天靠打獵為生，會的能力是利用工具捕殺到獵物；另一類則是「農夫」，每天早出晚歸，辛苦彎腰耕田，取得收穫。

「獵人」雖然要面對未來的不確定性，漫長的等待，甚至直接面臨死亡，而一旦成功，就有長期時間不用煩惱食物問題；而「農夫」雖然能有穩定的收穫，但要經歷緩慢的時間，還有每天辛苦的積累，你會選擇哪一種角色呢？

在商業的社會裡，也有「獵人」和「農夫」兩類族群。有些「獵人」追求以錢生錢，帳面數字時常跟著市場環境的變化大起或大落；而有些「獵人」會用錢砸廣告，但這些大多都是用打獵的方式在營銷。打獵思維又包括兩種：一種是補獵式，一種是漁獵式，也就是「魚餌式營銷」，可以稱是「漁獵」式營銷，

主要關鍵是魚鉤、魚餌、魚塘這三個元素。魚鉤是我們想要獲得的好處，魚餌是對方想要獲得的好處，而魚塘指的是目標客戶的聚集地。

「農夫」也被冠以「堅持勤奮者」的稱呼，一步一腳印，雖然步伐很慢，但卻能穩步前進，持續創造長久價值。獵人模式和農夫模式並沒有對錯，只要能為我們帶來結果的模式都是好模式，只是站在時間與精力成本的角度，最好是能採取省時又省力的模式來創造結果。

其實今天不論你是銷售任何產品，其背後的動機都是想要藉由產品銷售來創造財富，如果說銷售真的有什麼秘訣的話，就是要先為客戶「創造價值」，也稱之「先贏後銷」法則——讓客戶先贏，我們再銷。就像我在廣州一位平安保險的學員周紫玉他之所以能連續5年成為年度銷售冠軍，就是用這樣的理念在做銷售，不斷為客戶主動提供服務，甚至願意提供跟產品無關的服務，而且是以一種不求回報的心態在

做，導致客戶對他的信賴感非常高，都願意把保險理財的事交給他規劃。

用「循序漸進」培養客戶信任感

而打獵思維就是整天在尋找新獵物，發現哪裡有錢賺，就一頭栽進去，徹底研究。當我們擁有這種思維的時候，我們的心是不能鎮定的，總想趕快多賺一些錢。普遍的創業者都是偏向獵人思維，希望藉由自己的商業模式，能快速的實現財富自由！

利用這種方式進行營銷，消費者就像是獵物，公司制定的商業策略像狩獵計畫，而營銷書籍看起來更像狩獵指南。打獵思維只有特別針對某一部分的客戶是有效的，其實往往忽略了更大部分的客戶群。

如果把客戶簡單分成兩種類型：一種是顯性需求型，一種是隱性需求型。顯性需求型的客戶會對你的產品一見鐘

情，但隱性需求型的客戶只能日久生情；而隱性需求型的客戶占的比重更大，人數更多。針對這樣兩種型的客戶，需要用到農夫育成思維，學習如何把「送禮思維」在網路上執行，透過網路上送禮，讓你的訂單綿綿不斷。

農夫育成思維，不是指過去的農民意識，現在是網路時代，我們借用農夫育成思維來理解「送禮思維」的實際操作，6個字送你們：「先培育，後收成。」先透過價值的提供，來培育客戶對我們的信任，等信任到達一定的基礎，銷售就是水到渠成！

做任何事情都是一樣的，今天你想要小草長大，灑下一地的種子，結果沒有勤奮的澆水、施肥、鬆土、除草，這樣怎麼會有收穫呢？

追女孩子、做生意也是同樣道理，從來都是先付出才會得到回報。凡是愈用心，回報會愈豐厚。可是，農夫能明白這簡單的道理，反而是很多營銷者並不明白但也可能明白的道理，但對應到自己的商業營銷上的時候，卻不懂如何實行。

一切事物的變化都是從量變開始，當量變累積到一定程度的時候，必然發生質變，是個循序漸進的過程，千萬別心急了；該澆水的時候要澆水，該施肥的時候要施肥，該除草的時候要除草，信任才能和小草一樣茁壯成長。

　　建立信任感是需要一個過程，是一種循序漸進的藝術，並不是今天種下一顆種子，明天就想收穫果實，是需要耐心的去照料，等待豐收的季節。

　　以下就為大家快速整理出「農夫育成思維」養成的四大要件。

農夫育成思維的第1個要件：時間

　　大家應該都有聽過「揠苗助長」的寓言故事，裡面的農夫一心只想及早完成，用錯誤的方法得到的結果反而一事無

成，其實仔細想想，身邊是否也很多人和那位農夫是一樣的，第一次見面，心裡總想著趕快成交對方，而忘了最重要的是先建立信任。

發廣告訊息也是一樣的，每天照三餐發的結果可能不會像那個秧苗一樣枯萎而死，但長時間下來肯定讓你的客戶感到反感，自然不會有商業交易產生。

農夫育成思維的第2個要件：種子

這時要有足夠多的優秀種子，這些種子指的就是高質量客戶，永遠記住銷售的第一步「找對客戶」，什麼樣的客戶最容易成交呢？就是「有能力並且相信你的客戶」。過去推銷是要去主動找客戶，現在營銷是讓客戶主動來找我們！但要怎麼做呢？

除了在下面有做介紹外，在我們「商戰智慧課程」裡就有教如何藉由「魚餌式營銷」讓客戶主動來找你的方法，可以快

速輕鬆提升業績5～20倍。

農夫育成思維的第3個要件：消毒

　　人生若想要成功，就千萬不要和心態不好的人打交道。因為跟這種人打交道就好比農夫種稻一樣，如果不小心把一顆帶有病毒的種子混在裡面一起播種，而沒有去及時處理，無論農夫給再多的養分和水，這些種子都無法健康茁壯長大，甚至會一起感染病毒爛掉！

　　就像我上課時會提醒很多做組織行銷的學員，團隊裡面只要有心態負面的夥伴一定要即時處理，否則就像農夫耕田一樣，不把病毒種子處理掉，一定會影響到其他健康種子的發育。

　　有這種心態負面的人我們稱之「受害者心態」，這種人最明顯的行為表現就是經常對很多事抱怨跟不滿，會帶給人一種負能量的感覺。因此組織團隊要想迅速發展，必須要把夥

伴培養成「責任者心態」──責任者遇到問題會自己解決，凡事反求諸己，不會怨天尤人。

至於如何把「受害者心態」調整為「責任者心態」？在我們正式課程裡會教大家如何運用簡單三步驟的引導方式，讓「受害者心態」瞬間變成「責任者心態」。如果你現在就遭遇團隊發展的問題，或夥伴依賴性太強，不知如何處理，強烈建議你報名參加我們的正式課程，將會給你滿意的答案！

農夫育成思維的第4個要件：灌溉

農作物要大豐收一定離不開陽光、水、肥料，需要你勤奮的灌溉給予養分，把你的LINE好友及客戶做好分類備註，將關係由親至遠分別依序為A、B、C、D。然後，你將70%的時間用在A類好友及客戶身上，每3～5天聯繫一次B類好友及客戶，每7～14天聯繫一次C類好友及客戶，每個月聯繫一次D類好友及客戶，依此類推。

當員工有問題找你尋求答案的時候，不要馬上替他解決問題，因為你即便能力再強也沒有辦法幫助到每一個人，如果同時間ABCD夥伴要去拜訪客戶，都需要找你陪同，這時候你要選擇陪誰去才好？或是如果員工一遇到問題就找你，你也能夠幫助他並給予他很棒的答案，隔天遇到問題，又打給你尋求幫忙，這樣下來是不是對你產生了依賴，你反而沒時間處理其他事了呢？

我們的時間永遠是有限的，所以，你要學會的是培育一群也有解決問題能力的人才，這樣一來，遇到問題他們會想辦法自己解決，你是不是就省很多時間、省很多麻煩了。而且他對你的信任和好感也會一直上升，因為你教會他獨立思考的能力。

農夫育成思維的核心就是 6 個字：先培養，後收成。

當你改變思維，有新的觀念後，每天和潛在客戶一對一

溝通的時候，就能運用育成思維的方式來幫助客戶。

　　在這時候關心客戶，就會發現其實賺不賺得到錢已經不是最重要的，重要的是你我之間信賴感已產生，關心問候是自然而然的事，彼此也都達到雙贏的開心。

　　我們都知道，做生意沒想像中簡單。但是當你用這個簡單的方法，讓每一個人對你有信任，有好感的時候，無論你做什麼生意都賺錢，別人都願意跟你買。所以說，你做什麼生意不重要，是你用什麼心態及方法去做生意，才是最重要的核心關鍵。

　　對於有價值的客戶做一對一溝通的時候，隨時去觀察你的客戶可能有哪些煩惱、需求，然後想辦法去滿足他，給予他所需要的，那樣一來，信賴感就很容易建立。

　　互動不用頻繁，只要高質量的提供價值

　　為什麼有些人都賺不了錢，成交不了客戶，原因很簡單，你所想做的一切都寫在臉上——「我想成交你；我需要業績」，意圖太明顯了，在溝通當中，其實客戶都能感覺到你的這種

想賺錢的渴望。一心想著獲利，可能真的讓你賺到錢，但是覺得心很累，也可能讓客戶產生不好的觀感，後續也不再聯絡了。

所以我所提倡「育成型」的賺錢模式，而絕大多數人的做法卻是「打獵型」的賺錢模式，以為自己玩了場打獵的遊戲，但最後才發現自己不是一個獵手，客戶也並不是什麼獵物。

在信任感還沒建立的情況下，你發任何廣告給他們，馬上變成一隻惹人討厭的大蚊子，這樣照三餐發廣告，在客戶看來就像天天吃肥肉一樣噁心想吐，造成無效的廣告，甚至反感。

想看看，如果有人平均每個月給你6～8次的關心和禮物，你會對這個人有什麼感受？你會記得他嗎？如果你剛好有需要他的產品及服務，還會找第二家公司嗎？

經過半年的測試後發現，每次只需要進行高質量的互動3到5次，提供價值5到7次後，基本上就能成交對方，直接向你購買。

　　你可以沒有學歷、沒有人脈、不會技術、不懂電腦，但你
一定要有洞察的能力，洞察出對方當下可能有哪些需求？他
是什麼身分？他的興趣是什麼？他想要怎樣的生活方式？

　　如果洞察不到什麼蛛絲馬跡的話，也可以用問話式聊天
法來了解：「你平常有哪些休閒活動？」跑步、攝影、看展覽、旅
遊、閱讀書籍，這些內容都可以透過網路聊天平台或面對面
談吐來獲取。

信任到成交的良性循環

信任是成交的第一貨幣，沒有信任等於沒有成交！

　　這很容易明白。舉個例子，當你遇到困難，急著要用錢的
時候，第一個會去找誰呢？當然是朋友，因為你們之間存有既
定的信任，所以朋友願意借錢給你，不可能隨便去問一位路
人或剛認識的人借錢吧，這點很重要，強調一萬次都不算多！

你不能一見面就明顯地幫公司打廣告，或者直接說「我這有很棒的生物科技產品，能夠幫助你回春，延年益壽，一套費用台幣10萬元，你要不要買......」，估計這種銷售方式會讓99%的客戶轉身就走。

　　從初步的信任到最後的成交是必須經過這一循環過程：給予→跟進→追銷→裂變......

　　最後我們會發現：你的朋友圈中會有一部分比例的人，已都成為你的忠實客戶！他們極其渴望你的產品或服務，他們只對你的產品或服務感興趣，他們每個人回報給你的會愈來愈多。

　　先暫時忘記成交吧！決定最後成交與否的，不是成交的環節，而在於中間的過程；客戶已經知道你、記住你並且相信你了，最後的成交環節只是引導客戶要在特定時間、特定地點、購買你的什麼產品，無論你想要成交什麼樣的客戶，首先

先建立信任，建立信任有兩個因素：第一個是時間，第二個是價值的貢獻。

許多人都渴望第一次見面就能把客戶成交，如果你也這樣想，那我要告訴你：這是在作夢！

因為實際而言，別人剛接觸你，很難一下子就把錢給你。即使你提供的東西價值很大，但對於你的客戶來說，才剛對你的產品有興趣你就要收費，心裡自然會想抵觸。

總之，你只提供了一次的價值，可能還不夠，還沒到讓客戶足夠信任你的階段，再多提供幾次價值，就差不多了。

把「信任」過程拉長，並且提供價值

信任比寫文案重要！信任比發廣告更重要！而建立信任最好的方式就是提供價值。你要學會把「信任」的過程拉長，特別是價格高的產品，從陌生到認識、認識到信任、信任再到最後付錢成交。

大多數人之所以覺得累，就在於總想著「結果」，而忽略

最重要的過程，忽視了耕田思維的核心：「沒有持續的澆灌，就沒有持久的收穫。」

我在過去10年來的銷售模式一直遵行的營銷守則就是：主動認識，被動詢問，互動交流，自動成交。每一個階段都要提供有效的價值，持續的影響；人性討厭被成交，但人會不經意的被影響，用一句來解釋：「客戶想要怎麼買，你就要想應該怎麼賣」，千萬別自己亂發明。

你一定要把「推銷」這個觀念從腦中移除，沒有人喜歡被推銷。你要持續的分享，持續的給予；持續分享你的想法、你服務的內容，懂的人自然就會懂。

「分享」就是高等級的廣告，但又不像是廣告的廣告。

因為你不斷提供對對方有價值的資訊時，他對你的信任感一定加分，當他要買東西的時候，通常第一個腦中浮現的人就是你；當他沒有向你買東西的時候，他也會記得你。

事實上你已經悄悄地壟斷了他生活的某個方面。當你解決了信任問題並與客戶聯繫後，張老師可以給你個建議：「用你獨一無二的專業見解來幫助客戶解決困難，為客戶創造價值。」

如果無法解決客戶的問題，這時候就借他人的力量來完成，經過一段時間，一對一溝通，個性化的互動，就會和客戶建立良好關係，和現實生活中一樣，如果你耕田思維做到位，客戶最後都變成了朋友。

幫助值得幫助的人，排除挑剔客戶

可能不會十全十美，也經常遇到客戶不理你，甚至在溝通的時候就對你抱怨批評，或是臉皮厚的討東討西。的確，在這過程中，肯定也遇到過像這樣的客戶，有時候連著幾天都會遇到，或許一開始可能會為了讓每一個潛在客戶開心，總是要耐心的解釋，想盡辦法討好客戶，無論最後是否成交，結果浪費掉許多時間和精力，影響了和其他感興趣的客戶交

流，最終這個客戶還是不滿意，也沒有成交一單。

　　錯就錯在內心的出發點還是想成交這個挑剔的客戶，還是為了推銷而推銷。但事實上，你可以把這樣的客戶先排除掉，對他的付出和幫助點到而止，因為這樣的人即便成交了也會浪費你的時間。要記得，你不可能幫助到全世界的人，幫助那些值得幫助的人，不要把時間浪費在解釋上面；理解你的人，就是理解無需多做解釋，那不理解你的人，解釋再多也沒有用。

　　不是同一個林子的鳥，如果把時間花在他們身上，就失去了幫助那些值得幫助的人的時間，這就是機會成本！很多人會忽略的隱性成本之一。

　　這裡面要提醒你，心裡上有一個坎，你需要跨過去，這就是人的本性。你花時間和精力去關心客戶，給予客戶有價值的東西；如果客戶不需要，或拿了不領情，有的人很貪心，不懂得感恩，千萬不要覺得可惜，或是難以理解對方為何要這樣？因為你的給予對他而言是多餘的但不代表你是不對的。

必須要知道，你所擁有的是豐盛的，別被影響了，繼續付出、繼續分享熱情、繼續給予幫助，總會遇到值得幫助的人，或需要你幫助的人。就像分子和分母的關係，這個比值是一致的，分母數量愈大，分子也會跟著加大，付出的愈多，回報也愈多。所以，還在擔心那些不需要、不領情的人嗎？其實是不必要的！

送禮要能「打動」，而不是「打發」

對於那些值得幫助的潛在客戶，我總結出最好的給予是：你送的是潛在客戶特別想要的東西，而且讓他感覺有些驚喜的，足夠能表達出你的關心和幫助，表示一種友誼，能「打動」對方，而不是「打發」對方，這個差別非常大。

而且這些資訊都可以在網路上完成，不需要花錢，只需要付出你的時間和精力，你可以選擇用你喜歡的方式幫助人！用你喜歡的方式給予，網路上最好的禮物是隱性的虛擬禮物，你的財富和你送出的價值成正比。

定期向客戶傳送有價值的訊息，同時適當的附加產品促銷內容。很多賣家都是強硬的傳送自家產品的訊息，這樣效果很差。

　　一定要向潛在客戶傳送對方有需求的訊息。什麼訊息是客戶有需求的，會喜歡呢？

　　對客戶有價值的：*相應的資訊和影片、電子書、文章。*

　　讓客戶感動的：*在他生日那天傳送祝福賀卡或禮物，記得他的生日。*

　　讓客戶開心的：*發給他有趣好笑的影片和圖片。*

　　讓客戶覺得你是關心他的：*記住他之前聊天時提到過的事情，講過的話。*

　　客戶得到你免費送給他的東西後，就從剛開始的「不認識你」，對你沒有一點的信任，變成有了一定的信任基礎。

　　這個信任關係前提是：他覺得你給他的東西很有價值，

也就是說你是能夠幫助他、能夠為他創造價值的，更關鍵的是你沒有馬上要求「回報」。

所以，你要思考著：怎麼創造價值？可能只是一個很簡短的對話，也必須想到送什麼樣的禮物給對方，如何給對方帶來價值。

隱性的虛擬禮物就是最好的禮物

找到目標客戶聚集的地方，把你的價值送出去，世界上最快的致富方法就是免費贈送，所有大師致富的核心祕密之一就是贈送，世界上最偉大的銷售員喬.吉拉德（Joe Girard）透過賣汽車成為世界第一，客戶看到他身上的T-Shirt很漂亮，稱讚他一句，他馬上說：「你喜歡嗎？喜歡的話我送給你！」接著，馬上脫下來送給對方，喬.吉拉德辦公室裡的衣櫃，準備了五花八門種的新衣服……。

客戶跟喬.吉拉德買汽車，問：「喬，你喜歡抽什麼煙？」喬吉拉德就說：「也許和你一樣。」

客戶說:「我抽的可是＊＊牌。」喬.吉拉德很興奮地說:「沒有錯!我們倆喜歡一樣的。」

知道嗎?喬.吉拉德辦公室裡,準備了全世界最著名的香煙超過350個牌子⋯⋯。

一位客戶收到你的禮物,會瞬間對你們的合作關係有不同的想法。

對於大客戶,你送他的禮物,一定要是與眾不同的,觸動不了心靈的禮物,等於白送了。

會送禮的人才會有暴利,會送錢的人才會賺大錢,透過任何一個網路方式把價值送出去,但送什麼禮物好呢?最好的禮物就是隱性的虛擬禮物!

什麼是虛擬禮物?簡單說就是能夠在網路上獲取的資訊或影片,例如資訊、電子書、工具軟件、課程、電影音樂等等,而這些東西沒有成本,不用庫存,不需要運輸等問題。

當在與客戶聊天過程中發現他有健康的問題,那可以怎麼做?很簡單,請人吃飯不如請人出汗,可以送他一套在家就

能做的健身影片;如果對方是有投資股票的需求呢?可以給他股票相關的小道資訊,如果是有找對象的需求?可以帶他去參加一些人多的活動。

很多訊息可能網上也搜不到,即使有可能也花很多時間才搜到,搜到也不代表一定適合他,但你送給他的資訊正好能解決他的問題。

當你有解決不了任何問題的時候,要相信答案都是存在的,因為一定有人已經實踐過了,只是答案需要你去找到而已。

營銷的最高境界是沒有營銷

營銷到底是什麼?曾經認為營銷就是把東西賣出去,接下來發現營銷是發現問題、解決問題;再後面,發現營銷是創造需求、滿足需求;再後面,發現是神奇的價值......,到最

後，才發現原來營銷就是影響人、改變人，但影響改變人的什麼？

影響人的情感、改變人的思維，你要直接進入最核心的階段，仔細思考，應該要做哪些行為能夠影響人的思維、情感，最後做出的行為，專業的產品服務、高超的營銷活動、一語道破的文案、打動人心的效果，哪個適合你？

千萬別一直在產品上做研究，你應該脫離產品，直接研究「人」，因為相信的問題沒有解決，等於產品沒有好處，客戶買的不是產品的好處，買的是他對你的信任──他相信你，所以最後付錢給你；如果他對你不夠信任，即便產品能帶來多大的好處，他都想盡辦法不讓你成交他。

營銷的最高境界就是一直付出，不斷給予，無論客戶最後有沒有買單，依舊繼續付出。

客戶是否買單，不會影響我們的付出，當腦中有這種思想時，其實也不必去說服、去強求，自然而然都會被你的行動吸引過來。

資金也好，項目或專案也好，人脈也好，都是在你持續不間斷的付出和行動的過程給吸引來的，很多事都是非常簡單的——營銷的最高境界是沒有營銷......。

_____

_____

_____

_____

_____

_____

_____

_____

_____

_____

_____

_____

_____

_____

第 5 章

致勝戰略思維

「以你的方式來定義成功，透過自己的規則實現
它，並且建立一個自己驕傲的人生。」
(Define success on your own terms, achieve
it by your own rules, and build a life you're
proud to live.)

——安妮・史溫尼
(Anne Sweeney)

打造致勝戰略的6大關鍵
成就創業不敗的致勝之道

**「所謂創業者就是能運用智慧整合現有及未來的資源，
並使其產生更大經濟價值的人。」**

創業分兩種型式：試錯型與戰略型

　　創業成功一直是我的夢想，成為一個對社會國家有所貢獻的創業家更是我的目標，打從2005年起，便一直在創業之路上堅持。然而創業之夢是美好的，但創業的過程卻是殘酷的——不是缺資金，就是缺人才——創業之路上所遭遇到的辛酸真的只有自己走過才知道......，沒有堅定的意念真的很難堅持下去！

　　歷經3次的創業失敗，讓我體悟到要想創業成功不能只靠勇氣跟樂觀，更要有能力跟智慧。能力指的是「溝通說服力」，而智慧指的是「時空角」的選擇與判斷，兩者缺一不可！為了尋求創業成功之道，過去10年我投資了超過300萬台幣的學費向超過50位世界大師學習，在艱辛的學習與實踐的過程中，逐漸掌握了創業成功的核心關鍵！

　　馬雲曾說過：「一般創業是透過兩種方式來成長，一種是

試錯經驗型成長，一種是戰略布局型成長。」絕大多數的創業者之所以成功率不高，絕大多數不是因為欠缺外部資源，而是源於缺乏基於整體性的戰略布局與系統規劃！

　　我認識很多創業者創業多靠自己的感覺與過去的經驗，這就是屬於典型的「試錯型」創業者。一般會有兩種命運：第一種命運、幸運的創業者會在資金鏈還沒斷裂之前，碰巧找到了賺錢的盈利模式，就能生存下來繼續發展。第二種命運、不幸運的創業者會在沒有試出正確的營利模式以前，往往就會燒光手中可運用的現金，從而無奈地被迫退出市場。

　　雖然創業的過程是屬於一種自我理想的實踐，但也是有某種客觀規律可循的。我們希望所有的創業者可以學習像科學家研發科學技術一樣，以科學的精神與態度去從事創業。如果創業的過程像建設大樓一樣，就必須要有精準的設計與嚴謹的規劃，那麼，創業失敗的機率將大幅度降低，投資的風險也會趨近於零。

就好比今天我們要蓋101大樓需要有101大樓的設計圖紙；蓋20層樓需要20層樓的設計圖紙。如果沒有事先把圖紙完成，別說蓋20層樓，可能連一層也蓋不了。

所以，創業成功是需要「設計圖紙」來保障的，是需要我們精確的計算與規劃每一個環節。絕不能跟著自己的感覺走，更不能盲目地效法重複過去的經驗。這些都是很危險的做法！這種針對創業的「設計圖紙」，我們稱之為「創業戰略」。

如何讓創業立於不敗的致勝之道

要想提升創業成功的機率就要根據「創業戰略設計」的要求，從資源控制、現金周轉、異業聯盟整合等多方面進行精準規劃，在極低的風險下起步，以實現快速成長的目標。制定創業戰略不是可有可無的空談，而是為了確保公司立於不敗、穩健成長的根本。

假如一個人要從台北到高雄去，如果他只是根據自己的感覺，或是同行的經驗，當他發現別人都「踩自行車」的時候，他就會不自覺的選擇「踩自行車」去。而不會破框思考，有沒

有更好的交通工具。

　　而具備戰略思維的人，不會一味機械式的模仿別人的想法或做法，更不會盲目的複製自己過去的經驗。會不斷的優化，創新自己的商業模式，他會縝密思考，精心策劃，以終為始，倒推出最優方案。從而以最小投入、最快速度，直達目的地。而從台北到高雄的最快方案，一定是坐高鐵，而不是踩自行車。

　　所以，創業者的思維能力，決定了他企業發展的高度與速度。而戰略智慧是創業家必修的第一堂課，也是最重要的一堂課。

　　8成以上的創業者大部分失敗源於錯誤的決策，而決策的前提是做「創業戰略設計」。

　　到底創業的戰略設計有什麼特點？要如何設計才不會失敗呢？

致勝之道 1：創業間的競爭就是戰略設計的競爭

創業的失敗，絕大部分源於戰略的缺失。

商場如戰場，如果每個創業者都像戰場指導官一樣重視研究兵法，那麼創業的失敗率將會大幅度的降低。將為家庭社會國家挽回巨大的經濟損失。

每一位創業者的失敗，都意味著社會財富的浪費與被消滅；而每一位創業者的成功，都意味著社會財富的增加與人民生活質量的提高及國家稅收的增加。

所以，創業者一定要重視戰略的設計與布局。甚至應該是在決定創業之前先學習好戰略規劃、掌握戰略智慧之後，再去商場實踐，如此才能讓自己成為一個成功的創業者。

但是，戰略不同於普通的商業知識，它是有獨一無二的特點，甚至是對舊有觀念的顛覆，所以創業者需要徹底轉變思維，才能把握戰略之精髓。

創業智慧，可以分成「戰略」與「戰術」兩個框架。戰略的

知識非常特殊，絕不能用「戰術」的思維來理解「戰略」。

　　我們可以把戰略理解成為「一輛汽車」。設計戰略很複雜，就像生產汽車需要2萬多個零部件；但執行戰略很簡單，像踩油門就可以讓汽車前進。

　　戰略的設計，就是要把複雜性封裝起來；從而用簡單的執行動作就可以達到最優的效果；換句話說，就是用簡單的動作卻可以解決複雜的問題。

　　這就是戰略的智慧，也就是「大道至簡」；簡單的事情，才能容易成功；太複雜的事，很難產生結果。

　　這種「化繁為簡」、「以簡取繁」的經營智慧，就是「創業戰略學」。

致勝之道 2：思考創業的終極目的

　　學習創業戰略之前，必先明白我們創立一家公司它背後的動機是什麼？其經營的終極目的是什麼？它的目標、使命、價值觀又是什麼？唯有先精準的定義，才能帶來精準的思考

與規劃。

　　絕大多數創業的失敗，往往源於創業者對「創業目的」界定的模糊不清，所以才導致發展路徑的錯誤選擇。

　　我們認為，創業者打造一家公司經營只有一個目的：建立系統以自動化為目標為公司持續創造安全的營利，並為國家社會經濟進步做出推動與貢獻。

　　這裡有多個關鍵字，我們逐一分析。

　　●首先是「安全」——創業開公司絕不是一場沒有勝算的賭博，相反的是，優秀的戰略首先就要能控制風險，降低風險甚至是消滅風險。財富源於願景，能力與智慧，而不是源於風險。「安全」永遠是創業者最先考慮的因素。

　　●接著是「持續」——創業發展最忌諱的就是「暴漲暴跌」，「活得久」永遠比「賺得快」更重要。我們不求一時的迅猛增長，而求如何讓企業持續增長，這樣才符合自然規律。

　　●第三是「自動」——如何用最少的人力投入，產生最大

的價值產出，實現對人才，甚至是人力的最低要求。通過對技術、管理、商業模式的不斷優化創新，讓整個企業系統邁向自動化運轉。

●第四是「盈利」——企業必須賺錢，而且是利潤與現金的「雙豐收」，創業追求的不是未來盈利，而是要不斷思考如何能從創辦的第一天就開始盈利。讓公司盈利是創業者的首要責任，所以好的盈利模式符合聚焦，清晰，簡單3大特點。

●第五是「系統」——企業的產、銷、人、發、財必須形成一個統一的整體，相互匹配與銜接，形成高效率的運行團隊。

●第六是「為社會進步做出貢獻」——這是創業者對社會價值的追求。創業者對內要不斷提高員工福利；對外要幫助客戶解決問題，促進國家社會整體更文明，更進步。

如果只滿足前五個要素，而違背了第六個要素，這樣的創業者就是屬於「搶奪者」，而不是「創造者」——商場各種層出不窮的欺詐與投機，其根本就是對「創業目的」的錯誤認知。

「搶奪者」把「賺錢」當作創業的唯一目地，忽略了創業

必須要能帶來的社會價值；這樣的創業即使一時成功，也難以持久；更談不上基業長青，永世長存。

所以，對於創業者而言「賺錢」只能作為「目的之一」，絕不能視為「唯一目的」。

接下來與你分享如何打造致勝創業戰略的六大關鍵：

關鍵 1：投入必須輕資產

投入重資產是80％創業者失敗的第一風險。如果創業的戰略屬於「輕資產」模式，那麼至少50％的失敗風險就直接規避掉了。

傳統的創業者思維，一想到開咖啡廳就是自己租店面，一想到開工廠就是自己租廠房……，凡此種種，都是屬於投入重資產思維。

「致勝戰略思維」要求創業者必須把「投入輕資產」作為經營任何項目或專案的第一考量，絕不可輕易的更改。但是，大家千萬不要誤解所謂「投入輕資產」，這裡的「輕資產」不是

指「沒有任何資產」，而是指對社會資產的最大化利用。

「投人輕資產」可以用一句話來解釋：「與其擁有不如控制，與其依賴不如使用！」

企圖「擁有」是一種巨大的成本思維陷阱與黑洞。「擁有」背後的意思，就是要「創造」一個資產，或是「購買」一個資產。

所謂創業者就是能運用智慧整合現有及未來的資源，並使其產生更大經濟價值的人。

現今市場不缺資源反而是資源過剩，所以我們根本不需要自己來創造一個新資產，只要我們會重新組合現有大量的閒置資產，或是被低估的資源，即可透過設計完善的商業模式來產生利潤。

而一項「資產」的價值評估標準，不是「所有權」，而是「使用率」。而「控制」遠遠比「擁有」要更低成本並且是高效率。而「控制」即意味著「但求所用，不求所有」的境界。

創業者只要有此智慧，就可以駕馭一切社會資源（不論有形還無形），把一切普通的社會資源為自己所用進而創造財富的渠道。

關鍵 2：成本回收快

　　創業的過程就是執行商品交易的過程，創業者每天都要跟現金打交道；現金的運籌能力，決定創業的成與敗。

　　在我總裁班裡面有超過9成以上的老闆學員每天都在為找資金而煩惱，所以沒有不缺錢的老闆，只有不會找錢老闆。老闆必須要有超強的融資能力，才能為企業注入源源不斷的活水。據統計90%的創業失敗，首要原因就是資金鏈斷裂。所以創業之初，必須要學會如何從源頭上解決創業現金運轉的問題。

　　「成本回收快」是戰略規劃的第一要務，為了能讓創業立於不敗，做好能做到以下模式：「先有銷售，後有生產；先有利潤，後有成本。」

很多創業者面臨「帳期長、收款難」的頭疼問題，解決的關鍵不在於事後如何追款，而在於先前如何規避。

「成本回收快」對於現金流的管理，提出了最直接高效的解答方案。就是「先收錢，後幹活」。

聽起來很簡單的方法，但很多創業者根本做不到。換句話說，很多創業者根本沒有下定決心去做到。

「行規」是創業者最常見的藉口，潛台詞就是：「大家都給客戶帳期，如果我不給，那就接不到訂單，就賺不到錢了⋯⋯。」

從今天開始，大家一定要忘掉所謂的「行規」，因為創業的根本，就是要賺錢：不賺錢的「行規」，就不是好「行規」，就應該徹底改變。

在我創業的信念中：「行規是用來顛覆的，不是用來遵循的！」

因為「戰略」是一種「商業思維」，必須「先收錢」。如果創業者目前無法做到「先收錢」，那不是別人的問題，不是競爭

對手的問題，而是自己商業模式設計的問題。

好的戰略一定是先收錢的戰略，好的戰略一定要事先解決成本快速回收的問題。一個創業項目或專案再完美，如果不能事先收錢，就根本不應該開始，這是一條不可動搖的準則。

關鍵 3：執行要簡單

曾經聽一位專門在教企業戰略的老師說：「一個創業項目或專案執行的難度，與執行步驟數量的平方成正比。」簡單來說，就是：「難度＝步驟2」，所以在執行戰略的過程中必須要用最簡單的動作，來完成複雜的任務。而卓越的戰略講究「以簡取繁」，也就是設計戰略的過程可能很複雜，但執行戰略一定要很簡單──因為簡單的才能快速見效，簡單的才能快速複製，簡單的才能快速擴張。

「規劃很複雜，執行很簡單」，這樣的戰略設計必須以終為始，圍繞最終創業的目標，設計出最容易實現的執行計畫。

所以，戰略設計本身必須解決執行問題。如果戰略太複雜，執行步驟太多，甚至難以執行，那就不是好戰略。

關鍵 4：利潤要高

前面解決了本錢回收的問題，接著就是要解決獲利的問題。好的商業計畫，必須要能做到「有現金有利潤」。而不能是「有現金無利潤」，或「有利潤無現金」。

隨著商業競爭加劇，愈來愈多的產品同質化問題，很多行業都不約而同地選擇了「薄利多銷」的經營理念，試圖降低價格而賣出更多的貨。在過去也許適用但在現在卻是很危險的做法，原因在於「薄利多銷」策略它對企業的整體運營能力與成本控制能力，有非常高的要求。

因此我在課堂上，會建議創業者設計的策略是「暴利多銷」——在一定利潤的基礎上，追求銷售產品及服務的最大值。如果是服務業建議要有50％的利潤；如果是生產製造業建議要有30％的利潤，低於這個數字的產品或行業建議不要

從事！

　　一旦我們在創業的過程中發現產品利潤愈來愈低，這時候要及時進行產品升級或戰略轉型；而絕不能為應對競爭，進行簡單粗暴的降價促銷。這是極不智的做法，創業者一定要謹慎小心的使用降價策略。若不進行企業全方位的戰略設計，而只是簡單的調整價格，就想取得市場成功，不但無法達成，也往往就是企業危機的開始。

　　始終要記住：「創業必須賺取足夠的利潤；高利潤是戰略優劣的關鍵指標。」

關鍵 5：風險要低

　　常聽到很多人說「富貴險中求」或「要想高收益就要承擔高風險」，這2句話讓多少創業者誤入歧途，做錯決策，其實這是創業者的一大迷思。

　　有智慧的創業者在追求企業高利潤的同時，也能極力控

制風險：而且最好是零風險下的高利潤。

從創業的角度看，有3大風險是每一位創業者，都必須事先規避的：

1. 法律風險
2. 財務風險
3. 戰略風險

3大風險中以「法律風險」最為重要，絕對不能觸碰，尤其是一些灰色項目或專案，寧可不賺錢，也絕不能為創業發展埋下致命的危機！用一句話說：「項目或專案再賺錢，只要違法就堅決不能做！」

而「財務風險」是僅次法律風險的第二條底線，凡事不能先收錢的生意，根本就不應該開始。如果創業者評估了20個項目或專案，結果都不能先收錢，還必須先墊資。那這20個項目或專案都不應該去做。應該去尋找第21個.......！

關鍵 6：市場空間大

創業的市場能做全球就不做全國，能做全國就不做地區，尤其現在靠互聯網我們可以很快速的透過網路連結到全世界，所以只要把商業模式設計好，做好物流跟金流，我們都可以把生意做到全世界！

最後切記，創業不是賭博，而是「立於不敗，勝而後戰」的科學系統。創業者必須能夠屏蔽一切風險之後再啟動項目或專案。不用擔心沒有機會，因為人生永遠有合適的創業機會，但真正的機會只提供給有智慧、有準備的人。創業發展的結果，90%取決於戰略規劃。

「戰略」決定企業發展的「高度」，「戰術」決定發展的「速度」；戰略必須做到堅定不動搖，戰術則必須依時空角與時俱進；戰略強調於未來，戰術則關注於現在。

戰略必須「少數領袖，集中決策」：由少數人決定方向。戰

術則要「全員生慧，集中生智」：集眾人之所長，持續改進優化。

卓越的創業者必是智慧的戰略家，知道未來向哪裡走，並堅定方向不動搖；卓越的創業者也必須是優秀的戰術家，可以隨機應變，因地制宜，靈活調整。

所以，創業者要平衡好這兩者的關係，大是大非上堅守原則；瑣事小節上，靈活權變。

我們建議每個創業者在年初時，要集中精力做戰略規劃，制定發展方向與任務。然後整年就堅持這個方向不動搖，逐步試驗最合適的執行方法與技巧。

創業致勝的 10 大思維筆記

第6章

槓桿借力思維

「世界上最有效的利潤翻倍模式就是合作，與你的上游、下游、同行、異業，進行各種具戰略意義的合作，能產生最大的槓桿效益，讓你省力賺大錢！」

(The most effective model of double profit in the world is cooperation , with you upstream、downstream、peer、foreign employment , strategic cooperation , to generate maximum leverage benefits , let you save your energy and earn a lot of money!)

——傑·亞伯拉罕（Jerry Abraham）

體驗槓桿魔力行銷的魅力

**「一個人總是先給予先付出，不斷的捨棄，自然而然就會得到更多的東西。
一個人的格局思維，也是不斷捨棄出來的，捨小得大。」**

什麼是「槓桿思維」？

　　還記得，在2006年去新加坡參加國際行銷大師傑·亞伯拉罕（Jay　Abraham）所舉辦的「億萬行銷總裁班」，當時第一次聽見「槓桿魔力行銷」的時候就懊悔不已，因為如果能早10年前懂這些模式，我早就成為一名身價百億的上市公司CEO了！當聽完其中一個案例，我發現早知道這些模式就好了，覺得過去這20年都白活了。所以，今天把這個當時給我很大啟發的模式案例與你分享～

　　第一個案例：銀行的錢，如何能夠5元變50元？5億元變50億元？

　　簡單來說，這個遊戲規則是這樣子的，中央銀行總發行假如是1000萬台幣，然後百姓就把錢存到臺灣銀行、土地銀行、合作金庫、兆豐銀行、第一銀行、華南銀行、彰化銀行、台灣企銀.....等八大行庫。

　　但是這八大銀行，比如土地銀行吸收了台幣100萬元的客戶存款，其實土地銀行只需要放台幣5萬元就夠了，把其他的台幣95萬元挪出來用於其他的投資。這個模式簡稱「槓桿思維」：開一家銀行，客戶存台幣100萬元，相當於銀行白賺了台幣95萬元，為什麼這樣子解讀呢？

　　第一，客戶不可能全部擠兌，第二，哪怕全部擠兌的話，中央有權讓土地銀行與台灣企銀之間進行拆借。這個就是銀行的槓桿。所以我們看到央行最近不斷的降息，還有調低準備金。

　　同樣的，有個厲害的，一般人還感覺不到，接下來分享的這個例子，我一說完，你會覺得這種玩法，簡直比搶銀行還快賺到錢，其實就是透過槓桿原理來放大，也就是把5元當100元去花，可以達到這種效果。甚至很多玩賭博的人聽了都想改邪歸正，想走正路模式，因為這模式會玩，確實比賭博賺的錢來的更快。

「槓桿效應」模式的展店計畫

第二個案例:美容連鎖店,他們常做的就是推出優惠活動,或免費體驗的方式去吸引客戶,然後再引導客戶購買會員卡,比如會員費用是台幣3000元,那他們的業績衡量指標是每天轉換多少個會員,假如一天10個,那麼這個店就相當於日賺3萬台幣,月賺90萬台幣。

這時候很多人會覺得說,這只是客戶預先繳的錢而已,後面還是要服務的,服務是有成本的,扣除成本後,這個90萬台幣也剩下沒少錢了吧?

理論上是這樣沒錯的,但是,做美容美髮行業的高手,他們也學聰明了,他們學會了中央銀行的這種槓桿放大模式,也就是他們每家店大量的收會員,一個月甲店賺90萬台幣,拿這90萬台幣再去開乙店,持續開了100家店,他們就是靠預存款在賺錢。

一定還是很多人會覺得,店開愈多,一樣要服務,一樣有

成本，而且低價根本賺不到錢，最後玩資本現金流的，遲早會哭的。

　　這個好像是對的，但是他們吸取經驗，怎麼玩呢？模仿央行的玩法，也就是告訴你，你的會員卡全店都通用。也就是你的卡可以在這100家店裡使用，全面存取你的資料，讓你使用更方便——走到哪，洗到哪。

　　各位聰明的你們，有看懂了嗎？就是這樣子玩，到時候每個月就是去收錢就好了，如果生意不好，比如甲店生意不好，賠錢，我就把甲店收掉，客戶並不會受到影響，客戶看到甲店收掉了，客戶就跑去乙店消費啊。

　　所以，他們採用的是前面開店，收錢。然後再慢慢關店的方式，控制一些賠錢運營不佳的店。總部厲害的就在於，把錢透過100家店去大量的收錢，然後用總部的錢來控制所有分店運營中的風險，確保每家店都能夠賺錢，而且是持續的賺錢。

　　這樣總部和分公司的原理是一樣的，你分店一個月賺90

萬台幣，交到總部去，然後你每個月再繼續去收錢。如果發現
這家店業績不太好，或是虧損，那沒關係直接收掉，把客戶轉
到其他店消費。

那麼現在，大家算一算：100家店，一家店一個月賺90萬
台幣，100家就是9000萬台幣，一年就是10億。然後每家店
讓優秀有能力的員工控股公司，他們控股得到的好處，就是
這家店真真實實的經營所得收入的分紅，假如給50％，那麼，
心態好的店長就能夠好好營運管理，讓每個店每個月至少純
利潤賺22萬台幣以上，這個時候，老闆分1萬台幣，店長分1萬
台幣。

全台灣有100多家店，老闆只要坐著數錢就好，而且風
險又能夠控制得很好。

看懂了嗎？這種模式玩下去，每個業績不好的店，直接收
掉；能賺錢的店，繼續幫老闆收錢，這種模式就叫「槓桿效應」
的模式。就像自己開了個銀行一樣，銀行是吸取了人民的錢，
比如客戶存1000萬台幣在土地銀行，土地銀行只要放500萬

台幣，就能繼續的營運，錢全部上交總部，總部來控制風險；美髮店也是一樣，收了客戶的預存款，然後全部上交總部，總部每個月進行績效考核，評估每家店的做事效率和賺錢能力。

原理是一模一樣的，坑企業跟開銀行的道理是一樣的，很賺錢。銀行怕擠兌，但是這個風險透過分店的模式，就能夠有效的解決，哪怕當所有人擠兌，土地銀行沒錢拿了，他會告訴你：「兄弟，去台灣企銀拿啊～一樣的，自家銀行。」道理是相同的。同樣的，甲店的美髮店，客戶太多，服務不過來，他會告訴你：「沒關係，去乙店消費，是一樣的，都自家開的。」大家看懂了吧。

這種才是真正的高手在玩的，隨便一年賺台幣十幾億元是很輕鬆的，而且還沒有風險，也不犯法。

先捨才有得的營銷真理

所以，老闆背後就是靠這些去賺錢，全部吸走，一年就十

幾億元了，然後找有相同理念，心態好的店長來營運，之後再眾籌，讓大家來投資、分紅，假如投資1萬台幣，一年的回報率是30％的形式來玩，然後再送幾次的免費洗頭。

聽完後是不是覺得任督二脈都打通了，原來走正道比走歪路還賺得更多錢，跑去走偏的，還要擔心犯罪的成本。如果世界上搞偏路賺的錢比走正道生意賺的錢還快的話，那肯定大家都跑去做地下經濟、走歪路，問題是，走正道有正道的商業模式，搞懂的人，就不會去弄偏門的生意了。

營銷背後，也有一套自然規律，也就是營銷領域最高的境界，也就是前端學會的是捨棄，後端才是得到。

在社會上，很多人都有錯誤的認知，總想著要怎麼從對方身上得到東西，應該腦袋想著怎麼得到才對，怎麼可能先捨呢？

愈想練成上乘武功，就愈得自廢武功。這就是很多人無法從內心割捨對營銷的技術層面上的依賴和追求！

這個世界很奇妙，很多人在得到某樣東西的時候，心裡

很高興，但其實他不知道，無形之中，也失去了另一樣寶貴的東西。

任何事物都有正反兩面性的，就像很多創業中的人，哪怕現在很窮，口袋裡一塊錢都沒有，或許付出幾年的時間去創業，最後失敗了，你認為這期間損失了很多錢，但你沒有發現無形中看不到的，同時你得到的是，離成功更近，從失敗中擷取出來的成功經驗。

微商營銷的捨得理論

最近比較流行的微商營銷，基本上都是先讓你試用，免費贈送，在一個營銷課程裡，我最早研究電商的營銷時，學到一句很有道理的話：「玩電商的產品營銷，沒有拿出5到10萬台幣的產品來做前期活動，根本做不起來；所以永遠不要奢望一分錢都不願意拿出來的活動，就能獲得源源不絕的客戶。」

這句話，確實是反應出了網路上做產品生意的精華，也就是這種前期先賠錢的，後期能得到什麼，這是最重要的。

第一:*能夠獲得大量的客戶。*
第二:*能夠獲得大量客戶的轉介紹或社群網站分享。*
第三:*能夠獲得大量客戶的反饋意見。*

　　至少這樣，能得到第一批真實的客戶。所以，從小捨小得層面上來說，就像前期一個店面剛開幕的時候，會做些免費的促銷活動、優惠打折，表面上是虧錢的，但至少賺到了源源不絕的客戶。

　　這世界上任何的產品，都一定有它的市場需求，有它的客戶消費群，只要前期提供了免費的產品試用，或提供免費高價值的東西送給你的客戶，客戶對於你後期要付費的產品和東西，接受度就會非常的高。

　　一個人總是先給予先付出，不斷的捨棄，自然而然就會得到更多的東西。

一個人的格局思維，也是不斷捨棄出來的，捨小得大。

把自己最珍貴的東西捨棄丟掉，才會讓自己有突破的空間去發揮，進入到另一個深層面的高度，很多東西不是嘴巴說說就好。

專做爆紅產品及眾籌模式行銷，哪個比較賺？

蝦皮開店創業的重點，就是我後面要來跟大家分享的事情。

在蝦皮商城的這塊領域，我見識過兩種類型的高手：專做爆紅產品及用眾籌模式行銷。

第一類高手就是專門做爆紅的產品，很多人一味的追求利潤，結果把自己給限制住了，錢有沒有賺到？是有的，但是最後賺到的錢都在倉庫裡了，蝦皮賣的貨品愈多，庫存的量就愈大。基本上這群很多的兄弟，做到後面，錢都跑到倉庫裡

了，這是我見過的第一類高手。

　　第二類高手，是一位住在台北市信義區的年輕人，在蝦皮商城上面經營才短短3年，已經為自己創造了上億的身價，今年也才32歲，平常都開著一部限量款紅色法拉利。記得我們第一次見面是在某個商業聚會上，我問他：「年輕人，聽主辦方說你經營網路事業有成，請問你是做什麼生意，能賺那麼多錢？」

　　他回答：「蝦皮網購，一天平均出單8000多件。」

　　我說：「太厲害了！你是賣什麼產品？」

　　他說：「韓系、日系、法式的流行服飾。」

　　他在越南，有一個工廠，一百多坪的工廠，在台北，有一個自己的運營中心，他玩的模式是最近市場很流行的眾籌模式，這個模式是非常厲害的，具有很強大的殺傷力。

　　也就是，他開發了他們專用的系統，給所有的商家，並告訴他們：「我這有一系列總共3000多款的產品，每款產品的設計和款式都有專用的畫本能提供給你們。如果你們要的話，

大家用眾籌的方式，只要湊到700單就生產供應，價格好談。」這是什麼意思呢？簡單來說，就是假設每款的供貨是700件為單位，然後建議大家聯合群眾集籌下單，只要單子湊到700單後，工廠這邊就開始供應。所以量多的話，價格當然有絕對的優勢，而他們公司專研於產品的設計及研發，也就是湊夠700單（700X700＝490000件），一批就發出去。

然而大家取貨的方式，也很簡單，只要先付20%的錢就行了。試想一下每天都有人繳20%的錢，累積下來，是不是數字就很可觀了。

這樣一來對他們工廠來說，有兩大好處：第一，不用擔心庫存過多，避免累積堆疊。第二，手上擁有了大量的現金流。

運用此商業模式一年的交易額能達到3億多，而且這種商業模式，很容易獲得資本青睞，能快速融資，透過資本的推波，能迅速擴大市占率，衝高客戶粉絲數，為未來資本市場（IPO）運作做準備！

借別人的手幫忙打天下

　　以上所分享的案例，你有領悟到什麼商業智慧嗎？看看別人的做法有沒有能為我們所用的地方。

　　給你一個忠懇的建議，靠自己的雙手打天下，往往是很困難的事，與其這樣子想破腦袋，還不如換個思維模式：「如何借別人的手幫你打天下。」

　　這個世界上，你缺少的資源，其實就在別人手裡，已經現成的有了，假如你現在缺錢啟動一個專案或計畫，你不一定自己要有錢，因為世界上總有一群人手上握著大把鈔票，到處尋找好的投資項貝或專案去變現。所以，很多時候反而愈是一無所有的人，愈容易成功，就是這個道理。現今創業想要成功缺的不是資本而是「智」本——只要你有智慧，就能把市場上一切的資源為你所用。

　　反之，一個半桶水的人，好像很怕被人家占便宜。我記得以前在做電視購物主持人時，遇到一個廠商助理，那時她在

公司上班一個月薪水才台幣28000元，形象頗佳，辦事能力也還不錯，但就有一個壞習慣：喜歡碎碎念，發牢騷又很愛抱怨，時常和其他同事傳遞一些負能量，常聽她說：「在公司某某人好像都在利用我，利用我的能力去替他做事情。」

　　隔天，她的直屬上司跟我說：「一個人如果在工作上要是連被利用的價值都沒有，我把他留在公司做什麼呢？養老嗎？」結果，第三天，這個助理就被開除了。

　　這位老闆的做法我是贊同的，我常對員工說：「老闆花錢請你來，是要你來協助老闆解決問題的；如果你不能幫老闆解決問題，那你本身就是個問題。如果你能力沒那麼好，可以給你時間學習或幫助你成長，但是對於心態不好，總是充滿負能量不懂得感恩的人，老闆會直接果斷的請他離開公司，絕不心軟。」

　　千萬記住現今職場的生存法則就是：「用責任者心態面對問題，努力創造自己不可被取代的價值。」

做生意是賣斷還是一起賺，哪種好？

當我決定在台灣做教育培訓的時候，我時常思考一個問題：對於客戶來說，我是透過賣你商業課程賺取利潤好呢？還是把客戶變成專案或項目合夥人，一起合作賺錢好呢？

我一直在思考這兩種模式，所帶來的價值和金錢，哪個會比較多？

談到核心的關鍵點，這就是大家要去思考想清楚的了，宣傳推廣只是一個工具，賣產品可以賺錢，但是要靠產品賺到大錢，不太可能，畢竟是正規生意。

所以，如何建立合理的商業模式，才是布局的核心，只要能夠大家一起賺錢，那麼這世界上的錢永遠也賺不完，無論是做生意或是做營銷的，必須得這樣做。

針對做銷售的夥伴，我時常建議他們：別用小人狹隘的心態，老是害怕客戶不買你的東西，總覺得客戶好像在設計你，防備心很強來防著客戶，這個過程中，其實你已經失去了

很多。

甚至是客戶向你提出無理要求的時候，你可以和客戶說：
「不管你今天買不買我的產品都不重要，我願意提供對你有
價值的資訊，來幫助你創造更好的生活。」

每個人都要有一種領悟：幫助他人，是你的使命。無論你
賣任何一種產品，你的心態永遠要記住，你可以在客戶詢問
過程中，無條件的去幫助他，哪怕最後他不買你的產品。

**面對客戶永遠保持著：「*沒有你，我可以很好，但是有你，
我們都更好*」的姿態，瞬間改變過來，不會有時候沒有成交到
客戶而感到鬱悶影響一整天心情。**

參悟「以捨為得」你將一生無窮

做人或做生意是一樣的道理，營銷從道的層面上，「以捨
為得」，這是任何一個生意中最重要的一點理念。腦子裡別老

是想說服別人買你的東西，別總一味的標榜自己的產品：「有多好、有多棒，你一定要買。」這根本沒用的。

在這個過程中，應該具備一種心態：不管客戶買或不買，其實對你的生活沒任何影響，只是你天天能面對一群客戶，你能給予一些東西，你能幫助客戶解決問題，最後買了又怎麼樣，不買又怎麼樣，說到底不就是錢！

一輩子就那麼長，何必就為了錢奔波，當我們愈追著錢跑，就愈賺不到錢。但若愈想著怎麼去幫助別人，錢就愈追著你跑。這個道理一般人不容易理解，可當你參悟到這背後的智慧，將對你的一生產生無窮盡的幫助！

第 7 章

反超對手思維

「真正的問題不在於你比過去做得更好，
而在於你比競爭者做得更好。」
(The real problem is not that you have done
better than before, but that you have done
better than your competitors.）

——唐纳德．克雷格
（Donald Craig）

透析反超思維的模式及執行步驟

「做任何項目或專案都是這樣，都要蒐集很多很多成功案例，蒐集的成功案例愈多，你賺錢的速度就愈快，賺錢的思維就愈多。」

什麼是「反超思維」？

所謂的「反超」，是指體育比賽比分由落後轉為領先，也可以泛指自身由相對劣勢狀態轉為相對優勢狀態。而「反超思維」就像是高科技行業或是生物科技業，會派人去蒐集競爭對手的商業機密或核心配方，就好像兩國在作戰時會打間諜戰一樣，為求勝利，爾虞我詐，甚至不擇手段！誠如《孫子兵法》裡說：「兵者，詭道也！」指用兵之道在於千變萬化，出其不意！

所謂商場如戰場，我們要如何在競爭激烈的商業戰場上能超愈同業呢？方法之一就是潛伏於競爭對手裡，指在競爭對手的地盤進行祕密觀察、暗中調查、搜集情報，再回來幫助自己的公司打敗對方。

現在很多商業公司都會運用臥底去挖角，如此一來反超競爭對手是很容易的事，先派人潛入到競爭對手的企業打

工！然後和他的核心夥伴成為朋友，以誘之以利的方式，給他們更多的錢，他們就很容易跳槽。畢竟在利益面前，人性是禁不起考驗的。

那麼在創業初期，經驗也許不夠，也可以用反超思維潛入到同行或競爭對手的商業活動中，向他們學習一些如何推廣宣傳、廣告標語、產品展示、客服話術.......等方面的做法，可以當作一個借鏡，回來後運用到自己的行業上面，或許會少走很多彎路。

用三個月槓桿換十個月的經驗

如果你已經學會精算思維模式，現學現用，你來換算一下，過去你自己摸索、專研了一年，在這一年之內你需要經過不斷試錯，試錯的成本是非常高的，不但浪費很多時間，也消耗了不少精力，最後如果項目或專案沒有什麼明顯起色，還

會影響你所有的熱情及信念。很多人就是因為做項目或專案走入沒有岔入的死巷子，從此離開這個行業，或是跑去做打工仔，過一天算一天，得過且過。如果你運作一個項目或專案要花費一年的時間，從找客戶、寫文案、設計文宣、發廣告、架設網站、擬定系統、建立內容、客服管理、成交話術......各方面都是從零開始。

結果最後還沒有賺到錢，可想而知這時候你的心情會怎麼樣，不管是線下的實體店鋪，還是線上的網路經營，那些完全靠自己摸索的經營者，最後處境簡直不堪一擊。

透過換算你很容易得出結論：直接複製同行做得很成功的項目或專案，最多用三個月就可以知道結果，最差的情況是你仍然沒有賺錢，但最起碼你省了部分資金，最重要的是你省了十個月的時間；這就是用三個月槓桿十個月，用三年槓桿十年的換算方式。另外再反思，如果你沒複製成功，那就是背後的思維模式你沒有搞透，可以直接付費去學習，或是運用送禮思維，搞定一個關鍵人士，就會徹底懂了。

　　在前面，我曾舉例說明如何撬動董事長20年的經驗和資源，而這個例子就是用一年槓桿十年的換算方式，如果你明白這其中內在的思維模式，就會運用的出來。否則，你知道這個模式，但不會用也沒辦法。

學習賺錢或創業的4個槓桿模式

　　接下來，教你學習賺錢或創業的4個槓桿模式：

　　●第一個槓桿模式是研究人：先觀察身邊的人，看誰做到了你想要的結果，再去分析他可能做了哪些事，或是哪些能力是很強的，去學習他、模仿他，最後搞定他，這是槓桿模式。

　　●第二個槓桿模式是研究廣告：找出賺錢的廣告或產品，這也是槓桿模式，廣告行銷例如：報章雜誌，電視，手機網路，廣播等等，只要不斷打廣告的就是贏利的，你只需要把它換一個地方，從報章雜誌用於網路，或者從網路用於報章雜

誌，就像今天你從台北市換到另個城市—上海市。

　　●第三個槓桿模式是研究教程：上課學習，教育培訓，這就容易變成好高騖遠的理論家，除非你一開始就找到最厲害的專家來教課來研究，並且專研透徹，不然你專研久了不適合實體創業，反而非常適合去做培訓課，現在很多人課參加多了不都自己出來當培訓老師了嗎？

　　●第四個槓桿模式是自己去摸索：這個相對這個付出的代價是最大，不建議用這種方式開始，失敗的風險非常高。

　　因為如果一開始你沒有充份的風險意識，可能會遇到意外狀況，讓你不知所措，導致最後失敗收場。

運用「反超思維」搞定社群行銷文案

　　所以，結論是最容易的方法就是第一種和第二種的槓桿模式。

　　●第一種槓桿模式是：找到成功的人進而觀察研究他們是如何做到的，可以用「送禮思維」搞定。

●第二種槓桿模式是：找出行銷很成功的廣告案例，運用「反超思維」搞定。但如何進行反超呢？

先找到你所在的行業客戶聚集的社群網站：臉書或IG或LINE群，加入進去後，每天至少花半個小時專注於這些社群團體裡的聊天對話，你也不用加入聊天，因為高手從來不會在群裡講話，除非是私人內部小聊天室，而這種小聊天室一般人也進不去的，但如果付費能加人，相信你也會選擇付費進入。

如果你付費進入的VIP群，這時就會接觸到更高層面的人，當你遇到任何問題時，都能詢問自己的老師或是群裡的同行。

這邊告訴你一個小祕密，其實付費的那些群或是那圈子裡面的人都已經養成付費的習慣，這些願意為價值買單的一群人，假如你在裡面成交其中一個或幾個，前面你付的門檻費不就輕輕鬆鬆賺回來了。

從這個角度來探討，當你加入到付費的群裡，不但是免

費的，最棒的是還取得很多VIP客戶的名單，後續再成交的都是純利潤。

　　所以第一步你得先確定自己要的結果是什麼？如果你要的是賺台幣5萬元，就翻譯成月賺台幣5萬元的廣告收入；你想月賺台幣10萬元，就翻譯成月賺台幣10萬元的廣告收入。

　　你想在網路上面賺多少錢，就翻譯成能賺多少錢的廣告收入，你想要達什麼樣的高度，就得累積什麼樣的成功案例。

　　當你想月賺台幣10萬元時，就用一個月的時間，首先要尋找你想從事行業的100個成功案例。

　　GOOGLE搜尋你所在行業的關鍵字，並在臉書、IG等各個社群網路都搜尋，找到這些成功案例留下的聯繫方式，筆記下來，至少能開發出50種推廣模式。總結一下他們的共性，寫個簡單的文案報告然後監督行銷人員的工作進度。

　　怎麼找自己行業的相關資訊？

　　可以打關鍵字搜尋本行業的論壇網站。透過這個網站，在論壇下面的相關連結我們就能推本溯源，獲得更多的行業

論壇。在各種的行業論壇裡，看到別人買的廣告位，你還會看到很多別人看不到的資訊。

　　做任何項目或專案都是這樣，都要蒐集很多很多成功案例，蒐集的成功案例愈多，你賺錢的速度就愈快，賺錢的思維就愈多。

　　按照你從事細分領域的關鍵字在各大網站蒐集行業100條資訊，整理成100則文字，上傳到N個網站交流群。

反超思維的3大執行步驟

　　如果自己不是公司行業的頭，不能自己做決定，有些問題無法解決怎麼辦？以下整理了幾個方法可以學習：

　　●方法1：如果寫不出厲害的文案，就模仿同行的宣傳廣告、社群文章、IG抽獎，只要稍微改編下就可以為我們所用。

　　●方法2：在網路上搜索行業關鍵字，幾分鐘應該都能找

到數百條訊息，好好善用網路工具，可以為我們在搜集資訊上節省大量的時間。

●方法3：在GOOGLE搜索本行業關鍵字的雲端圖書館下載，5分鐘可以找到幾百本電子書。

●方法4：文案要如何寫？可以參考同行是怎麼寫的，蒐集幾個，把每個優點都拉出來，改編下，一兩個小時就能搞出來了。

●方法5：如果有人付了諮詢費給你，他要問你一些問題，如果你不知道怎麼回答，可以先向同行詢問，找到答案後，你再告訴客戶就可以了。

如果你還是覺得不滿意，你可以設立其他帳號，用這個小號詢問多個同行，哪個同行的回答最有效果，你擇優取用就行了。

最後總結一下反超思維的執行步驟：

●步驟1：搜集同行關鍵字，搜集的關鍵字愈多，代表著我們開發出來的同行就愈多，同行在哪裡，我們就跟隨去哪

裡,也就是同行的流量渠道,我們必須要知道,那麼如何快速找到同行所有的流量渠道,包括免費的或是付費的。

　　●步驟2:學會了解同行,知道他們是怎麼盈利,怎麼賺錢的;他們是如何行銷的,網路流量的祕密是什麼;知道他們的成交秘訣是什麼,運用了什麼成交話術?如何提高轉化率的機密?　　這些都是要去了解,了解同行經營項目或專案最核心的部分。

　　●步驟3:學會複製同行,學會重定同行的項目或專案,一般人可能是直接複製貼上同行的文字或圖片,你不但要用改編技術把同行的東西變成為自己的東西,更還要學習他們的思維模式及商業模式的頂層邏輯。

反超思維的行動力與執行力

　　如果以上問題都解決了,那麼剩下的就是行動力與執行力了。

　　行動力如何去做?需要建立系統,一切都要制度化、流程

化，自己寫行動方案交給業務人員，請1個或N個業務人員，讓他們下市場推廣就可以了。

　　上面只是給你列舉了發掘同行的一些推廣方式的總整理，但可能這些你也不會都用到，只需要精通其中一個或兩個方法即可。

用加法「＋」了解測試各種推廣方法；
用減法「－」刪去不適合的推廣方法；
用乘法「×」啓動病毒營銷倍增裂變；
用除法「÷」找到一種方法狠狠執行！

　　不管做什麼，不管怎麼做，你都必須每天有要新的流量增加，每天推廣的硬性指標必須完成，每天都要有客戶成交！一天都不能停，只要不斷的去做，持續的做，每天都會有業績，如果你堅持一段時間，一天不出單，你還會感覺不習慣呢。

　　一天不行銷推廣就是懶惰，一天不出單就是失業，一天不賺錢就是犯法！

一定要把「推銷」這個想法從腦中刪除，因為沒有人喜歡「被推銷」對吧！持續的分享，不停的給予，不斷的貢獻價值，懂的人自然就會懂。營銷即分享，營銷即影響，影響人的思維、想法、行為、最後扣住人的能力。

在網路上混，廣告是很難避免的，因為身為網路營銷人，你必須要讀懂廣告，熟悉廣告，分析人家的廣告，才會發現到更多潛在的商機，但也要懂得換位思考，對於接受到廣告的人來說，沒有人喜歡看廣告，沒有人喜歡被營銷，通常人看見廣告都會眼不見為淨，所以這時你要先提供對方有價值的東西，後面再讓他看你的優惠活動廣告，這種分享式廣告要比那種暴力的強姦式的廣告，效果更佳。

市場就是最好的營銷老師

如果上面方法都不適用，還有這一招：臥底當消費者。

實際上做任何營銷，真正厲害的老師就是你的市場，誰能讓你進步的神速呢？

第一個是把你成交的人，誰成交你，你就研究誰，把這個搞明白了，你就能學到一些真正體驗過的心理想法和購買過程，你花的錢也是值得的，你的營銷功力就會增長得很快。

　　第二個老師就是消費者，誰購買你的產品，你就研究誰，臥底他們的消費心理，就能對症下藥，做出規模。

　　中國營銷大師級人物——史玉柱先生曾說過：「創業要想成功，就一定要徹底研究消費者心理，消費者就是最好的老師，如果不先研究透消費者，你想要打造成功的商品品牌是一件不可能的事！」

　　史玉柱先生曾在2005年對中央電視臺的一檔全國性商戰真人秀節目《贏在中國》是的選手說：「品牌是如何打造的？我建議大家到消費者中去感悟，品牌的唯一老師是消費者。誰消費我的產品，我就把誰研究透，一天不研究透，我就痛苦一天。」

　　這不是技術，不是戰略，不是模式，不是體制，而是忽略了客戶的心理。透過一天十幾小時做客服，史玉柱掌握了業

務的核心，掌握了客戶的心理。

　　沒有經驗，是史玉柱從事所有創業的資本。他不需要經驗，他只需要把自己與繁華的世界隔離開，專心於市場的調研，而他的方式很獨特，就是去找玩家聊天。

　　據說，史玉柱在開發「征途」這款知名網路遊戲的過程中，與10000個玩家聊天，每人至少聊1小時。按1小時計算，10000個人，那就是10000個小時，一天按照10個小時去算的話，也要聊天1000天。這是多麼耗時間耗體力的過程啊！他本來可以找十幾個人聊聊天就好了，其他藉由自行天馬行空的想像發揮，也可以有個八九不離十。

　　因為史玉柱認為，每個人都是一個小宇宙，都有發光點，把分散在許多人身上的閃光點聚集在一起，就有了無人能敵的競爭力。與人聊天很容易，尤其是沒有目的性的聊天，很可能是難得的消遣。可如果是咬定目標去與新人聊天，300天而不生出厭倦來，史玉柱怕是第一人在5000多個小時的聊天過程中，他一個個觀察熟悉了從事網遊的樂趣、激情、憤怒、鬱

悶、心跳、歡暢、緊張、算計、張狂、好奇、竊喜、嫉妒、悔恨、無奈、發洩、控制、霸氣等各種情緒。

所有這些複雜的甚至是對立的情緒，他之前還沒體驗過，可能連想像都不敢想，現在他卻了如指掌。給所有這些情緒一種載體、一種釋放的機制，正是「征途」網路遊戲最吸引人的地方。

史玉柱不像大多數老闆那樣忙於去各種論壇亮相，也不習慣跟政府和名流私密的聚會，更沒有許多老闆打高爾夫的閒情逸致，而是利用省下大把的時間，和消費者聊天上。

他自己常說：「自己每天就是在家裡、車上、辦公室三點一線間走動。平常沒什麼事情的時候，每天大約會花8～10個小時，和消費者聊天，傾聽消費者的心聲。」

「我很喜歡做這件事！」是史玉柱經常掛在嘴邊的話。也正是如此，永遠比競爭對手更早一步的了解消費者的心理變化，所以史玉柱能不斷創造商場上的神話！史玉柱也是目前把「反超思維」用的最好的企業家，值得每一位渴望創業成功的人借鑒！

第 8 章

控心銷售思維

「天才只意味著終身不懈地努力。」
(Genius only means hard-working all one's life.)

————門捷列夫

（Mendeleyev）

不斷精進，是邁向卓越的保證

**「一個人的銷售力就是他創造財富的能力！
一家公司的銷售力就是它創造營收的能力！」**

銷售的關鍵是人，不是商品

接下來要跟大家分享的叫做「控心銷售思維」？銷售最核心的原理跟觀念到底是什麼？

之所以會想要寫這個主題是因為在網路上看了很多關於銷售的文章，我個人覺得都不是寫得很完整，也不是很到位，所以想特別藉由一個篇幅來跟各位分享一下我這20年來，從事銷售以及參加過12位世界銷售大師的課程，我的一些心得總結，相信對於在做銷售的朋友一定會有莫大的幫助。

在網路上面看到很多關於銷售的文章，比如說：「成功銷售的九個技巧」，或者是「說服的十個步驟」，或者是「成功銷售員具備的六大態度」……等等，其實這些東西都沒有真正的點出銷售的核心、銷售的本質是什麼？所以類似的資訊類似的文章，我們看得再多，還是沒有辦法把銷售的工作做好，總覺得還是少了一點核心的這種感覺。所以，接下來我要跟

各位分享的就是「銷售的關鍵」。

「銷售的關鍵」是什麼？其實從「銷售」這兩個字，就能夠得到很重要的訊息——把「銷售」這兩個字拆開：「銷」等於「銷自己」、「售」等於「售觀念」；換言之，銷售必須要做的是先把自己成功的銷售出去。

相信你一定聽過這句話：「賣產品不如賣自己」，或者「在賣產品之前，我們要成功的把自己賣掉」，也就是說，真正決定客戶是否能夠購買這個產品，「人為因素」還是占了大多數的主要原因。試想一下，你會跟一個不喜歡的業務員買東西嗎？或者是說你會跟一個你不相信的業務員買東西嗎？我相信是不會的。

也就是說，如果我們不能相信這個業務員，不管這個業務員介紹的產品有多麼的好，我們還是不會跟他買。所以銷售的第一步，不是先賣產品，是先賣自己。

而「如何把自己賣掉？」這又是一個很重要的主題，也就

是說，我們需要具備一個能力：「如何讓客戶相信你？」或者是「如何讓客戶喜歡你的能力？」這也是決定你是否能夠快速提升業績的一個很重要的關鍵。

　　當然很多人可能會講說：「簡單啊！是不是我們時常跟客戶噓寒問暖啊？或者是請客戶喝咖啡吃飯啊？或者是逢年過節送點小禮物啊？這樣子做是不是可以讓客戶喜歡我們了？」其實，或許可以，但是我個人認為真正讓客戶喜歡我們，甚至相信我們，甚至是依賴我們的做法，絕對不是請客戶吃飯，或者是送客戶禮物，而是你必須要做一個能夠提供價值的人。

銷售＝「銷自己」＋「售觀念」

　　也就是說，每一個人在工作上面、家庭上面或者是婚姻方面，或者是其他各個層面，一定都會碰到一些問題。我時常在課堂上跟學員分享一句話：「只要是人，活著一定會有問題，不管他是什麼年紀、不管他是什麼位階，或多或少一定都會有些問題等著他去解決。」所以也就是說，今天如果我們能

夠提供一些對方有價值的資訊，能夠先幫助他們解決一些他們想解決的問題，那是不是可以透過這樣子的一個環節，能夠很快速的獲取到客戶的信任呢？

舉例說明：如果你是一個開餐廳的老闆，苦惱於客流量的問題，而我是一個做保健品的直銷商或者是業務員，這個時候我突然來跟你賣保健品，你聽得下去嗎？肯定是聽不下去的。可是如果我先提供一些資訊，像是「吸引客流的三個秘訣」，先幫助你的餐廳生意提升，這個時候你對我這個人的好感度會不會增加？

你是否會開始認為：我是一個能在你生命中創造價值的人？因此，當我透過這樣的方式，先取得你的信賴感之後，再跟你分享或是推薦我的產品時，是不是你的接受度就會大很多？

所以，過去的「直接式銷售思維」，我又把它稱為「強姦式銷售思維」，一定要把它改掉。因為一見到客戶就一直講產品，拼命地介紹產品，也不管客戶想不想聽，只會把客戶資源

給浪費了，讓每一個人看到你都會害怕，每個人都不敢接你的電話。

　　所以一定要記住，不要再用這種直接銷售的方式來賣產品。現在講求的是「間接銷售」；也就是說，我們必須把「銷售」拆成兩個部分：第一個部分就是先取得客戶對我們的信任，也就是成功的把「我們」賣掉，又叫「銷自己」。當客戶信任我們這個人之後，接下來才進行第二步，叫做「推薦產品」。這樣循序漸進的方式，成功機率會比過去的直接式銷售模式大上許多。

　　雖然第二步是「推薦產品」，但我們真正要做的是「售觀念」。這邊的觀念又可以拆成兩個部分：「觀」叫做「價值觀」，「念」叫做「信念」，也就是說，要讓客戶能夠成功購買我們的產品，就必須能扣住客戶的價值觀跟信念。

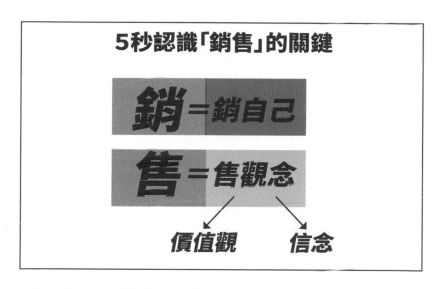

解決信念和價值觀，便能啟動能力購買

　　事實上，在國際NLP心理學一直在探討一個人的行為到底是怎麼產生的？在這裡，我先做個簡單的解碼，就是人的行為是受制於他自己的思維，而思維又分為「意識」跟「潛意識」層面；而人的99％的行為都來自於「潛意識」，也就是說，想要

影響一個人的行為，我們要先影響他的潛意識思維，而「潛意識」又是以三套軟件組成：價值觀、信念、能力。其中，能力又受制於價值觀跟信念。

　　所以簡單來講，今天想要客戶進行一個跟我們購買產品的行為，我們至少要做到兩件事情：第一必須要先確定，客戶有沒有購買你產品的能力？換言之，就是客戶有沒有這樣的消費力？如果客戶確實有這樣的消費力時，第二是要解決客戶的信念和價值觀，便能夠啟動客戶的能力，做出購買我們產品的行為。

　　左邊這張「銷售背後的原理及行為」的流程圖可以讓各位了解，銷售背後的原理以及行為是怎麼產生的，大家會有一個初步的認知。

　　所以，銷售其實最核心的關鍵，就是解決兩個問題：第一個問題就是信念，也就是所謂的信？或不信？第二個問題就是價值觀，也就是所謂的值？或不值？也就是說，成功銷售要解決客戶心理層面的這兩個問題。

請回想你過去購買產品的經驗，是不是覺得你相信這個產品能夠帶給你所要的價值時，才會願意購買？也就是說，只要解決客戶心理層面的這兩個問題：相信及有價值，我們才能夠啟動客戶購買的能力。只要一個板塊沒有扣住，客戶就不會啟動能力。比如說客戶覺得這個產品有價值，可是他不相信，那客戶就不會買單；又或者是客戶相信這個產品，可是認為價值還不夠大，那麼他也不會購買。所以，必須要同時扣住客戶的信念跟價值觀，才能夠啟動客戶的能力，引導客戶做出我們希望他購買的行為。

　　也就是說，正確的銷售關鍵就在於我們跟客戶溝通的每一句話，都是要針對客戶的信念跟價值觀來進行。

　　換言之，只要我們的溝通話語沒有針對客戶的信念和價值觀圍繞，客戶聽起來就會沒有感覺，所以很多人在銷售的過程講得太多無關緊要的話，讓客戶覺得在浪費時間，於

是乎就損失了一個可以成功銷售產品的機會，所以不知道該
怎麼做，就是現在銷售人員很大的一個問題，都不斷地用錯
誤的方式、錯誤的技巧在銷售產品，那針對客戶的信念跟價
值觀又必須要做到幾個很重要的環節，比如說針對信念的部
分，我們怎麼樣取得客戶的相信，以及當客戶有一些顧慮有
一些抗拒的時候，我們怎麼樣可以很輕鬆地去化解客戶的信
念，讓不想買的客戶變想買，讓想買的客戶變立刻想買。

在價值觀的部分，我們必須要做到一件事情，就是你要
能夠洞察出客戶的需求，也就是說，洞察客戶需求的能力，也
就是我們創造財富的能力。所以在需求板塊，必須要求自己
具備以下幾個能力：

第一發現需求
第二改變需求
第三放大需求

這幾個能力只要補齊，再具備正確的心理學的概念，從此以後在銷售這條路上，就會愈來愈順利，提升業績也是非常容易的事情。

成功的控心銷售是行為＋時空角＝結果

　　其實普通人銷售產品，他的思維模式是如何說服客戶來購買產品，但是說服這件事情，本身就違反人性，沒有人喜歡被人教訓，因此「說服式銷售」等於證明客戶很傻，不懂得抓住機會，將遇到客戶本能抗拒，甚至怒斥。銷售人員更為了生計，工作毫無尊嚴感與成就感。但做銷售哪有那麼累？你只需要從客戶痛點或慾望出發，去引導對方思考，有哪些問題靠他自己無法解決，必須求助於別人幫忙才能完成。

　　所以，銷售的最高境界就是啟發客戶思考，讓他自己說出：「我需要某款產品或服務來幫我解決問題，實現夢想」做銷售要花90％時間精力用於引導客戶說出：「我要」...「我還要」的需求，讓客戶自我說服，主動被成交。掌握「控心式銷

售」秘訣，不僅會讓你收穫財富，而會獲得客戶的尊重與感激，體驗到前所未有的成就感！

　　所以要成功的做好「控心銷售」，除了要能夠善用語言的力量扣住客戶的信念、價值觀之外，更重要的是要有非常精準的時空角判斷，在我的課程裡面，我分享了一個萬能的公式叫做：

「行為＋時空角＝結果」

　　也就是說，今天一個銷售成功的結果，是由「行為＋時空角」組合而來的，控心銷售取決的是能力，也就是行為層面，而必須要使用在對的時空角，最後才能夠得到我們要的結果，而時空角的組成就是所謂的時間、空間、角度，所以在不同的時空角，我們必須要採取不同的銷售行為，以便達到我們想要的最高績效。

　　我們溝通的目的只有一個，就是讓聽的人採取你希望

他採取的行動。但什麼叫做「有效的溝通？」就是當這個人聽完你講話之後，他願意去採取行動，比如說，我希望這個人吃素，溝通完隔天他就吃素；我希望我的孩子不要玩手機了，溝通完他就不玩手機了；我跟客戶溝通完，他就說：「我覺得你這個產品不錯耶，我要買一套！」這才叫做「溝通」。

決定一個行為最後意義的好壞，並不取決於行為本身，而是取決於「時空角」，舉例說明：「投資」這個行為，其實最後目的在於能夠得到我們想要的獲利結果。因此不是「投資」這個行為決定了最後的結果，而是你有沒有在對的時間（時）、對的空間（空）、投給對的人（角），決定了最後意義的好壞。

很多人說努力一定會成功，而為什麼大多數的人都是很努力，但結果卻往往是還沒成功的呢？「努力」這個行為的背後動機就是想要成功，可是「努力」不會帶來成功，是要「努力」在對的時空角，才會帶來你想要的結果。有句話說：「選擇比努力重要」，懂得在該放棄的時候放棄，比懂得努力堅持更重要，就像投資交易時發現方向錯了，該止損就立即停損！否

則這個堅持的後果往往會不堪設想。

而做對行為靠的是「能力」，選對時空角靠的是「智慧」，所以「成功＝能力＋智慧」，這就解答了為什麼絕大多數人是努力但不富有，因為他們有「能力」做行為，但是沒有選擇時空角的「智慧」。

能力補齊、也有智慧的選擇了對的時空角後，還有個很重要的是來自心態的調整，俗話說：「心態決定你的人生」，因此，我們分成六種銷售心態：

第一個銷售心態是「學習心態」

在同一家公司，賣同樣的產品，每位銷售人員同樣一天24小時，但為什麼每個人的業績卻相差十倍？甚至可能是差了百倍千倍？這之間差別在哪裡呢？

其實就是每位業務員的銷售能力、溝通能力。而能力取

得途徑有兩種：第一種是自我摸索，這比較花時間；第二種是直接向成功者學習，因為成功者已經花了大把的時間去研究出一套有效的銷售方法，因此我們要做的事，就是花錢來買他的方法，上課或閱讀成功者的書籍都可以，因為這些都是成功者幾年累積下來的銷售心得，我們能在短短的幾個小時或幾百頁的書籍裡得到所有的精華，怎麼算都划算。要知道：

把錢花在脖子以上的回報率是最高的一種投資。而且你的學習態度將決定了你未來的成就高度。

第二個銷售心態是「事業心態」

在社會職場上是否能做好一件事情，是否能做好自己的業務銷售工作，「能力」很重要，而更重要的是你的工作態度。

你的能力很好，但是事業心態總是覺得大家都要聽你的，如果夥伴不聽你的話，你便會開始抱怨、指責、批評，很多

負面情緒都上來了，這時你的受害者心態已經悄悄植入你的身體裡，沒有去處理這個病毒心態的話，在職場上會覺得大家處處跟你作對，沒有好的事業心態，很難在你的工作上得到滿意的結果。

　　反之你有著非常認真、上進、正面的心態，一定把每件事情都做好，好好對待自己現在的工作，這份工作的收入就會回報你。可以轉換心態把每天的工作當成是自己的事業在經營，因為這樣在將來的幾年後，你就會擁有屬於自己的一份事業！

第三個銷售心態是「積極心態」

　　如果一個人是積極心態，正面樂觀的面對自己的人生、事業、家庭，樂觀接受社會上會遇到的所有考驗與挑戰，能正面的應付客戶的麻煩事，那他已經成功一半了。

　　銷售人員最常面對的就是客戶的拒絕或是任何的反對

意見，情況再差一點可能遇到客戶的百般刁難，這時候就需要良好的正面積極心態來面對客戶。即便客戶拒絕很多次，也要面帶微笑的再試一次。

擁有積極心態的銷售人員心臟是很大顆，不怕被拒絕，不怕失敗的繼續面對客戶，而且也要主動積極的為客戶著想；每次被拒絕時，可以從中思考是不是哪個環節沒有做好？問題是出在沒有屬害的溝通說服能力嗎？亦或是沒有站在客戶的角度出發，沒有洞察出客戶的需求，一心只想趕快成交客戶嗎？如果是的話，就要趕快修正。

因此我們必須培養自己的積極心態，時間久了以後這積極的心態便會養成一種習慣。

第四個銷售心態是「感恩心態」

所有成大業的人一定都是會用人才的人，我常在課堂上跟學員分享一句話：

「找到一個人才，就等於發現一份事業；老闆敢為人才買單，人才才會替老闆賣命！」

所以想要加速事業成功的速度，就必須要具備成交人才的能力與智慧！而且當我們得到了人才的幫助後，有智慧的人懂得分出一部分甚至一半的利潤給人才。如果我們願意分享更多出去，這樣做就會遠遠超出人才心理的預期，即使只多分給人才10%，人才也會覺得感動開心，因為這是在他預期以外的好處。但真正能做到這樣的人又很少，人才透過這件事，打從心底的認同你這個人，是個可靠的、懂得知足感恩的人，更是能長期合作互相滿足對方需求的人。

當我們用感恩的心態對待周圍的人時，同理周圍的人不會忘記感謝你，感恩也意味著寬容，容則大、大則多。

第五個銷售心態是「長遠心態」

擁有長遠心態的銷售人員，那麼他和其他人的目標也不

一樣。

　　在社會上工作時間長了，大多數的人們都會有一種假象的安全感，認為公司分配的事項做好、自己手頭上的客戶管理好，這幾點事都有確實做好，每個月領薪水、領業務獎金，一年過去了再回過頭和同事互相攀比年終獎金，以為這一切這樣子繼續生活下去就已經很好了。這些銷售人員心裡排前面的是薪水、福利、職稱，卻沒有關心到自己有沒有可能正在被職場趨勢淘汰，被現今時代拋棄。

　　銷售這份工作，你將它當成什麼呢？是短暫維持生存的過度期呢？還是籌備在這個領域奮鬥10年、20年？這份工作的選擇是為生計所迫，還是對於這份工作充滿熱情？成功者與一般的人最大的長遠心態有什麼不同呢？

　　一般人只會看到眼前的利益是否符合自己的工作付出，而成功者是看到眼前利益的同時，更關心的是未來長遠的利益。

相信這句話大多數的人都聽過:「吃虧就是佔便宜。」害怕付出卻得不到回報,生怕自己吃了虧,但往往眼前的這一點小虧,未來將會加倍奉還給你長遠的利益。

第六個銷售心態是「檢討心態」

「處處留心皆學問」是很多時候我們與客戶溝通的過程當中,也能從客戶的角度學習到很多東西。因此要養成勤於思考的習慣,並且善於一天下來,或是一個禮拜來總結自己的銷售經驗,然後開始對自己的成功與失敗銷售的工作經驗檢討一遍,例如:列出來看看哪些方法做的很好?為什麼這方法成功率高?除了這個方法有效,那還有其他方法也一樣有效的嗎?又有哪些問題是還找不到方法解決,總是讓客戶產生抗拒?還有其他方法可以化解的嗎?多問自己幾個「還有呢?還有呢?還有呢?」進而思考方法及檢討問題,促使自己在工作上不斷地改進、改變、檢討。

只有把自己能力提升了，才有機會抓住成功的可能。

不斷精進，是邁向卓越的保證

　　如何能讓把銷售這門功夫學好，除了掌握正確的銷售流程之外，就是要不斷的在市場上實踐，尤其每一次的銷售事後都需要做檢核，把做的好的地方保留下來，把表現不佳的部分加以修正改善，最後記錄起來成為一次次的經驗，讓下一次不要再犯上一次的失誤，如此逐年累月就可以成為銷售領域裡的專家。每一個成功交易的背後都有許多因素，技巧、態度、人情……等等，若是能掌握客戶的需求和決定性的因素，那我們離成功的銷售就不遠了。

　　要知道：一個人的銷售力就是他創造財富的能力！一家公司的銷售力就是它創造營收的能力！

第 9 章

股權布局思維

「你應該和那些會鼓勵你做得更好，希望看到你成功，
可以讓你提升自己的人在一起。」
*(Surround yourself with only people who are
going to lift you higher.)*

————歐普拉·溫芙蕾
(Oprah Winfrey)

建立「共創、共擔、共享」的創業核心團隊

「創業的核心基礎，一是合夥人，二是股權；合夥人股權奠定了一家公司發展的基因！創業者想要把公司做強做大，一定要記住，三分靠經營，七分靠股權！」

股權結構的重要性

投資界有種說法：「投資＝投人＝投股權結構」。可見，股權結構對一家公司長遠發展的重要性，不同的股權結構發揮不同的作用。股權結構不僅決定了權利關係、企業願景，還決定了包括公司戰略、組織流程、決策方式等在內的各種公司行為，並最終體現了相應的結果，即企業發展績效。

所謂的股權，簡單來講就是分錢的藝術，如何分權？你的「權」要分給誰？我們都聽說過這樣一句話：「財聚人散」，就是你一個人把財聚了，人就散了，但是財散了呢？人就聚，所以分錢是一件好事情，但是往往有一些捨得分的老闆，他把團隊給分跑了，不是說捨得分就會分，能夠分得好才是關鍵。

股權平均分配，合夥創業失敗的頭號殺手！

我們在現實中經常碰到這樣的股權比例：兩個人合夥，
一個人51％，一個人49％，或每個人50％；三個人合夥，分別
為各33. 3％；四個人合夥，每個人25％；五個人合夥，每個人
20％。為什麼平均股份會失敗？原因如下：首先來看兩個中
文字：「忠」與「患」。只有一個「中心」是忠心耿耿的「忠」，而當
有兩個「中心」則是禍患無窮的「患」，有此可知當我們是屬於
合夥創業如果公司有兩個決策中心，請問當遇到重大決策雙
方又意見分歧時誰說了算？所謂「國不可一日無君，家不可一
日無主」。如果每個股東都想說了算，最後結果可想而知：輕
則核心團隊拆夥重組，重則股東關係破裂公司倒閉！

*我個人建議最好的股權結構是這樣的：「1大於(2＋3)，
或1大於(2＋3＋4)」。*

在創業初期一定要一個人說了算。如果你的企業沒有核心大股東，你們平均股份，那麼趁著企業還不大，要趕緊調整；否則愈走愈累，已經有太多血淋淋的真實案例告訴我們平均股份的合夥創業是走不長久的。觀察知名的成功企業，往往都是一個核心大股東說了算，如比爾蓋茲之於微軟，郭台銘之於鴻海，馬雲之於阿里巴巴。

初創企業，不要用兄弟情誼去追求共同利益，而要用共同利益去追求兄弟情誼，就好比我在我們為創業者所量身訂做的課程「卓越創業領袖營」中時常會跟創業者分享一段話：「員工的思想很難統一，但大家的目標可以統一；而目標的背後是利益，錢在哪裡，大家的心就在哪裡；所以老闆要統一的是大家的利益，而非統一大家的思想！」少數採平均股份的合夥創業者，之所以還活著還可能是因為公司還沒有賺大錢，所以彼此之間的矛盾還不是足夠大。

股權結構設計的 3 大原則

因此，我在這裡羅列設計股權結構的三個大原則：

第一、效率:

這也是最重要的，有三個層面的考慮：首先是股權與合夥人資源的匹配，產品專利、市場營銷、研發技術……等；其次是股權結構設計要便於公司治理，特別是涉及一些重大決策的時候，能夠在議事規則下迅速做出比較高效、正確的判斷。最後，股權結構設計需要考慮決策權，也就是要凸顯出公司只有一個老大說了算，這樣能讓任何事情的決策更加高效，也可避免因為拖延決策而錯失企業發展良機。

第二、公平:

要使貢獻價值和持股比（%）成正相關。對於創業者來說，需要清晰客觀地評判每個人或每個崗位在各個階段的重

要性，與對公司發展的貢獻度，要有一套衡量的標準，對於貢獻價值和股權架構的設置千萬不可隨心所欲的配置。

　　核心創始團隊的股權分配應著重於實質公平，而不是形式公平，實質公平主要考量的包括每個成員各自投入多少資金、時間以及具備的技術或人脈等資源。要達到完美的公平是很困難的，只要達到每個成員能接受並且能維持團隊向心力就可以了！

　　第三、掌控：

　　也就是創始團隊要對公司有一定程度的控制，也就是所謂的控制權。如果核心創始團隊，股份持有比例過少或在融資的過程中稀釋的過快，都會導致創始團隊成員的心理不平衡，大大削減大家的創業動力與積極性。

創業者與投資人的股權分配智慧

1.資金&資源投入

投資人為創業團隊所帶來的價值應該要超越金錢，把金錢比喻為糧草，但真正能創造商業價值的是執行團隊和能帶來營收的資源，例如客源渠道、關鍵結點、核心人才……等。因此在計算分配股份時，不能只考量投資金額的多少。若投資人能為項目帶來更多業務成長的利基，則值得創始團隊讓出更多股份；若是投資人帶來的僅有資金。

2.每輪股權釋出比例

一家新創公司從起始—＞成長—＞發展上市有可能需要不只一輪的融資，因此必須留下空間讓未來的投資人進場。如果在一開始讓出太多股權，未來就很難讓新的投資人進來。那比例要怎麼抓比較好？在《股權架構》一書中有提到：一般而言S輪（種子輪）會讓出10％～25％股份，A輪（天使輪）

讓出25%～40%股份，B輪大約30%。

如果有投資人在一開始就要求很大比例股份，例如50%以上的股份，那就要極為小心了，因為這一輪之後大概很難再找到人投資，而且這樣的做法也會失去公司的主導權。

3.善用可轉換公司債

根據很多創業者（含作者本人）的經驗和投資人談投資金額和股份通常會很花時間，因此也可靈活運用可轉換公司債作為募資工具。也就是說投資人可先用借貸的方式注入資金，未來這筆款項可轉換為股票，這樣可讓公司先存活，借款者在未來也可成為公司的投資人。這種方式在國外的創業模式很流行，台灣在政府推出閉鎖型公司結構後，閉鎖型的新創型公司也可採用此種模式，否則一般公司要發行可轉換債門檻較高，在操作上有一定的難度。

4.雙權分離法

也就是把控制權和股權分離,在公司運作上股權可以不直接等同控制權,閉鎖型公司可以透過特別股的設計,一方面保障投資人的投資權益,另一方面又能保障創始核心團隊在公司的經營控制權(也就是董事會的表決權)。

降低稀釋所帶來負作用的 4 種做法

以下提出幾種降低稀釋所帶來負作用的做法提供所有創業者參考:

做法1、技術股概念

可要求適當的技術作價金額當作技術股,但可能會有贈與稅或技術作價評估的問題,執行上需要作適當的規劃。一般來說技術股落在5%～20%的範圍,但這樣的做法未來增資時仍會有股權被稀釋的問題。

做法2、創始團隊額外經營紅利

有格局的天使或風險投資者大都認可經營團隊的重要性，所以當公司有超額盈餘時，先提撥局部業績分紅（獎金）給經營團隊，剩餘的再按照股權分配給投資者。一般提撥比率落在10%～20%是合理的範圍，通常這部分業績分紅（獎金）會列入公司的經營費用。

換句話說，雖然自己的股份被稀釋了一部分，但另外擁有10%～20%的超額盈餘分配權，合計起來也有一定的比重，不過要注意的是，這部分的獎金是給所有的經營團隊，一般來說總經理及董事長合計最多占35%以內，其餘應分配給經營團隊及員工　。

為了讓創始團隊及員工利潤分配取得平衡，可採用業務績效制，也就是雙方訂定一個合理的KPI（績效指標），按照目標達成率提撥紅利獎金提成比率，一般獲利愈多提成愈高是廣為投資者接受的，這樣是雙贏的辦法，員工努力獲取更多的獎金，創始團隊及股東也因此能獲得更多的經營利潤。

　　如果能事前規劃，將績效獎金依員工職位的重要性分配適當的權數（可保留局部權數當作追加調整或給新進員工），力求做到透明化，讓員工預知自己可領獎金的多少比例，更可達到激勵員工的效果。

做法3、約定以定額投資報酬率回購股權

　　如果創業者對公司未來發展很有把握相信公司一定會賺錢，同時能確定短期內不會有現金流短缺的問題，創業者與投資者雙方可約定在一定期間內有回購股權的選擇權利，回購價格則按約定的年投資報酬率計算，一般來說15%以上的年報酬率才有吸引力。

　　這是一種有效降低股權被稀釋的做法，但必須在投資前事先就約定好，而且最好是投資者自己主動提出，如果事後因為賺錢不想分享給投資者由創業者提出，那時就會讓投資者有過河拆橋的感覺。

做法4、半投半借策略

　　為了讓創始團隊的股權不要一下子被稀釋太多，可以考慮設計半投資半借款的合作模式，也就是說一半的錢當做投資占股權，另外一半的錢當作借款，借款的部分約定一段期間後還款，還款內加計合理的利息，一般比例為35％－55％借款，當然實際比例（％）視雙方當時需要而訂。這種方式通常需要創業的負責人個人背書保證，當然會有還款的壓力，但也相對的給投資人有更大的信心投資，是一種不錯的合作策略！

找對股東可以讓創業者的夢想實現

　　關於股東類型，可以大致分為五種類型，分別是：資金型、資源型、管理型、顧問型和包裝型，舉個例子說明您就明白了。

　　比如在馬雲的團隊裡，資金型的股東也就是出錢的，這個人有軟銀集團的孫正義，資源型的股東，也就是當時阿里

在香港上市，又退市後合併進來的一個渠道商，叫雅虎，管理型的股東，就是當時跟著馬雲一起創業的人，目前他們擔任著職業經理人的身份，顧問型的股東，在阿里巴巴中就有一個專家型的角色，這個人就是林赫有名的蔡崇信，再來第五種包裝型，所謂包裝型股東，顧名思義，就是這類型的股東主要是用來包裝項目用的，比如說當我們正在尋找投資者的時候，我們本身的項目還沒有達到一個成熟的階段，公司的名氣也不是很大，如果這個時候你能夠找某些知名人士或者是與產業相關的專業人士，來擔任公司的所謂榮譽股東，那這個時候就可以利用股東本身的名氣為你的項目加分，那也有利於能夠吸引其他資金型的投資者的加入。

　　包裝型股東，他們出的就是他們在社會上的名氣，或者是他在行業的一個頭衡，這類型的股東通常都並不會實際出資，創業者可以給予他們一些乾股，或者是所謂的虛擬分紅股，是不需要實際註冊在股東名冊裡面的。只要與當事人雙方談妥合作的條件即可，也不會牽扯到太多公司法律層面的

一些問題，相對其他股東來講的話，這類型的股東是比較單純的。

股東的五種類型

所有的股東團隊建設都要按照這五個類型去匹配，進行互補，經營起來才會更加輕鬆，順帶提一下資本，有學員問我，他說：「老師這個資本的本質是什麼？我覺得這個資本市場都是大企業，大公司要用的，好像跟我們這些小公司小企業沒什麼關係啊？」資本的本質是什麼呢？有人會說資本的本質是「賺錢」，但我要告訴大家，其實資本的

本質是「合作」，而合作的核心就是「分錢」，只有分得清楚，你才能夠合作愉快，每一個大公司的創始人，他都不是占很多個股，卻擁有了大量的財富，比如說像馬雲、郭台銘等等，「只有分得清楚才能合的愉快」這句話很重要！

永遠記住一點，你的公司不賺錢是因為來的人不對，你的團隊做發展不起來也是因為你找的人有問題......，比如你是做模具代工的，總是虧本不賺錢，假如今天郭台銘願意來幫你接手經營，是不是就有可能把你的公司由虧轉盈甚至做到公司上市；比如你是做組織行銷的，團隊一直發展不起來可能是培訓系統有問題，如果張老師來幫你做人才培訓，你的團隊就有機會成為最強的團隊，所以所有的項目你想讓它活下去，就換幾個操盤手，結果就不一樣了，你的公司不賺錢絕對是因為來的人不對，股權的作用，其實很簡單，也就是八個字：「對外融資，對內激勵。」

　　對外融資這個方面，首先一定要跟大家分享資本家與企業家有什麼不同，舉例，你今天辛辛苦苦幹了20年，賺到了5000萬台幣，去了政府大力招商引資，買了50畝土地，還向銀行貸款，2000萬台幣去建廠房的時候，錢不夠了，又找民間借貸3000萬台幣，從此以後永世都不能翻身，每個月是連利息都還不清了，那什麼叫做資本家，他也蓋一棟樓，只要這棟

樓蓋出來，立馬把他變成100份股權協議，找一兩百個股東，再去把它變成1000份理財產品。變成幾百張紙，他就能夠把錢給收回來，再舉個例子，比如說你快搞不下去了，銀行就出來了，你就把資產給賣掉，資本家兩千萬把他給買回來，於是又設計出了幾百個協議，他又可以把這個錢給收回來。

　　你是抱著一大堆現金進去，抱著一大堆賣不出去的資產出來，資本家也是一樣，不過他們是快速的把資產透過股權，透過理財產品把它變成了一大堆的紙，這個叫做固定資產證券化，可能有很多人都以為證券離我們很遙遠，你的公司如果估值是3000萬台幣，出讓20％找六個股東進來簽這個協議，這就是證券化，給大家做一個總結，企業家把一堆的資本做成了資產，而資本家就是把一堆的資產做成了資本，這就是我們企業家與資本家最大的區別。

如何使用公司的控制權——「身股分紅」

　　拿到公司的控股權，來掌控公司，還不用擔心幾個人聯

合把你幹掉，甚至讓股東和高管那些人不再鬧矛盾。

　　首先第一個股權分配的操作方法叫做「身股分紅」，用一句話來講，叫做：「人在股在，人走股收」，他就適合在你公司管理層，比如說你公司的團隊，在前期你從來沒有給他們分過股的，在前期你就可以給他們分一部分股，這個叫做「身股分紅」。在律師層面裡，則稱它叫做「在職分紅」，當然有的公司也把它叫做「崗位分紅」，就是在崗有，離崗就沒了，比如說人走了怎麼辦？應該要有一個約定，就是人走了，股也走，但是往往有些老闆呢，就沒有約定這條，人走了，股還留在公司裡，這樣對於剩下做事的股東還公不公平呢？

　　那肯定就不公平了，「身股分紅」使用最好的就是華為。華為的任正非，大家都知道他的格局以及境界、操作公司的思維都非常值得我們去學習和借鑒，因為懂得一個字「分」，所以華為在2009年的股權報告中，公司的股東有6萬多名，為什麼他6萬多名股東不出問題？而我們有些小公司，6個股東就天天在鬧矛盾，天天要打架呢？就是因為他約定了一條

說：「我們現在員工有35歲，他就說在60歲退休之前你不能走，如果你走了，公司就把你的股份給回購了。」當然，這些團隊成員他們就盼望著要做到60歲，如果沒有這條約定，可能你的員工現在35歲，他做到38歲就要走了，如果人走了，股份還留在公司裡，請問誰還願意為華為奮鬥呢？

第二個使用的最好就是馬雲，馬雲的股權是蔡崇信設計的，因為蔡崇信學過法律、學過經濟學，當時他就約定了一條說：「對十八羅漢都配有股份，就約定了一個期限，叫做上市期，也就是說在上市之前大家都不能走，如果走的話，公司就把你的股份都給回購了。」這個是在簽署股權協議之前都跟大家約定好的，所以這些團隊就盼望著做到公司上市的時候。

因此，各位老闆你們要記住一點，不是每個人都能陪你走到創業的終點，每一位在職員工，有可能會變成你的離職員工，因此在股權當中，我們稱它叫做「戀愛」。

我們要先戀愛才結婚，切記！絕對不是馬上結婚，因為要思考是：訂婚容易分手，還是結婚容易分手呢？那肯定是訂婚

分手容易，訂婚分手最多給對方退一些彩禮；那結婚的呢，叫財產，企業分股也是一樣道理，我們彩禮可以分給他，但是你的財產可不能亂分。

第二點，要記住訂婚採購法，也就是說，一部分的錢來買這個股份，但不註冊，由創始人或其他的股東來代持。比如說，可以讓你的員工花一點錢來買你的股份，公司再送給他一點，但是這個股份，前期不用去註冊，由老闆本人給他代持，這個在法律專業的層面裡叫做「隱名股東」，但是大家都知道。公司這類事情有時會牽扯到法律問題，不可不注意！

做好合夥人股權分配，有利於吸引合夥人

今創業單打獨鬥的時代已經過去了，現今我們已經進入了合夥創業的新時代。在這個新時代，創始人需要可以並肩作戰的合夥人，而公司核心創業團隊之間建立「共創、共擔、共享」、陽光透明、相對公平合理的合夥創業文化，做好合夥人股權分配，有利於吸引合夥人。

　　股權眾籌將是下一個最具潛力的行業，股權的核心就是在於整合資源，誰整合資源的能力強，誰能夠整合上下遊，整合產業鏈，甚至是整合員工，誰就能夠擁有未來，創業就像接力賽，需要分階段有計劃地持續招募人才。股權是吸引人才的重要手段。因此，創業團隊最初分配股權時，應該有意識地預留一部分股權放入股權池，為持續招募人才開放通道。

　　直到今天我還是會遇到很多創業者不斷再犯股權分配的常識性錯誤。再次提醒所有合夥型創業者：初創企業的基礎，一是合夥人，二是股權。基礎沒打好，糾正的代價極大，甚至會無法挽救，唯有先做好公司合夥人股權架構，找合夥人、找投資人、找員工，從此就再也不用糾結，同時另一個重點是股權結構不是一成不變的，股權結構的演變也是公司利益的選擇，隨著公司的發展，新投資者的進入，公司戰略的調整，都有可能影響到公司股權結構變動，隨著時空角積極應對調整才是不變的真理！

創業致勝的 10 大思維筆記

第 10 章

終極成功思維

「你的時間有限，所以不要浪費時間
活在別人的生活裡。」
(Your time is limited, so don't waste it
living someone else's life.)

——史蒂夫·賈伯斯
(Steve Jobs)

把成功者的思維格局及做法幻化成自己的 DNA

「關鍵順序：平凡人是先擁有，再付出；成功者是先付出，再擁有！」

學會用錢來槓桿你的時間

如何利用1～3年的時間，完成原本要花30年才能完成的結果呢？

經營事業如果只單靠自己去摸索是最貴的，因為會浪費你很多寶貴的時間，而時間就是你的生命！錢不是，而你透過用錢，可以最大程度上節省你的時間，別人20年做出的事情，可能因為你敢花錢買時間、買經驗、買能力，說不定你1年就做好了！而你多了19年的時間，可以為這個社會創造更大的價值！

這個祕密其實不需要讓太多人知道，而且即使你知道了，也不一定能領悟；即使你領悟了，也不一定能做的出來。除非你真的有一點賭性，有千金散盡還復來的氣魄！

一句話，用錢來槓桿你的時間，可以用1年的時間完成別人需要20年才能完成的事情。

深刻領悟到花錢送禮物即是投資的藝術，花錢比賺錢更

有深度了，不好好研究一番，根本就看不到這中間的玄機。而領悟到這個精髓的人，不管做什麼事，都習慣性靠花錢解決，即便他當時可能沒有錢。

如何有智慧的花錢？

找一位具有實戰經驗的老師：注意，是找有實戰經驗的老師，不是找純學術派的老師。實戰派和學術派的有什麼區別？區別就在於實戰和理論，花錢買這位實戰派老師身上的經驗跟智慧，不要花錢在一些包裝的很漂亮的項目或專案上；很多人花錢買項目或專案，實際上市場上99%的項目或專案都是騙人的，你為了要它的利最後把本錢都賠上了，而從實戰派老師身上學到的如何分辨好項目或專案的智慧以及如何把好項目或專案經營好的能力，一輩子受益無窮！

那麼如何找？今天碰到一位菜鳥說：「只要有好效果，那價錢都好談！」我很同情他，我就跟他說：「什麼時候你能告訴我：『錢你先花著，效果無所謂！』你這麼說就厲害了！」

專業的問題找專家來解決！一般我遇到問題都會找行業專家來諮詢，諮詢的方式是：先往他戶頭匯款台幣3萬元表示誠意！這還是前5年的事情，想要快速獲得資源一定要學會花錢，花錢是最簡單也是最快速的方法，假如你想找人合作，很簡單，跟對方談好怎麼分錢，甚至把願意多分一些額外的利潤給對方，自然而然對方會很賣命的替你工作。

很多人這時可能就會說：我沒有錢，等我賺到錢了自然會分給你的！其實這都錯了，順序應該要相反：我先給你錢，我賺不賺得到錢都沒關係！

人際關係的核心，就是先付出！

所以，當你想要向一位教練學習的時候，你會怎麼做？

不囉嗦，先把錢匯過去！當教練叫你做什麼的時候，就馬上去做，當你賺到錢的時候；馬上給教練匯一半過去，告訴前輩：「今天因為聽了你的分享賺錢，因為你的分享才讓我賺到錢，所以匯一半給你！」

其實每個人都一樣，當你學會了花錢，你想完成的事情就已經成功一半了！盡量別做閒聊式的諮詢，要諮詢就匯台幣5000、8000元過去，這樣你會更重視，對方也會更重視你問的問題。

要點在於複製成功思維模式

很多人都說：「成功的捷徑是複製！」這個理論誰都懂，但是很少有人能夠做到，為什麼？

因為你複製了他的店面，複製了他的網站，甚至複製了他的行銷方式，但是卻忘了最重要的複製他的思維模式！

可能他成功的關鍵不是因為這個網站，是因為他擅於花錢，或者擅長些其他什麼，關鍵不是外在形式，關鍵是你的思維模式、能力怎麼樣。

成功秘笈就是找已經做到的人來教你！可是憑什麼呢？憑什麼對方要幫你？你能夠為對方帶來什麼？你能給他多少錢？還是為他賺多少錢？如果你都無法給他，那就先成為他的

客戶，花錢買他的時間。人與人之間的互動、人與人之間的合作，成交別人、影響別人背後的祕密到底是什麼？

　　同樣一件事，使用同樣的方法，兩個不同的人，得到的結果肯定不會一樣！沒有不會賺錢的項目或專案，只有不會賺錢的人，這是不變的真理！你不需要學習營銷一百個人、一萬個人，只需要學習營銷一個人就好。

做任何事情、接觸任何一個新的領域都是同樣的方法：
1、找一個實戰派老師
2、找一個經典廣告案例

　　而尋找老師，無論這個老師是人還是廣告，都是要花錢的，錢要捨得花。

再重申一次：學會花錢才會賺錢

　　有些人心裡應該會有疑問：「我沒什麼錢啊！我拿什麼大

度、拿什麼去送禮、去包裝?」

　　相信這是很多人會有的相同問題,而一般人的選擇,就是等到自己有錢了,再去變成一個大方氣派的人!

　　而這其實就是一個思考流程問題,一個邏輯順序問題而已。不曉得你有沒有發覺,可能沒有發覺,那麼現在來告訴你,真正順序思維是:先做一個有錢人會做的事,然後順勢就會有錢了!學會花錢才會賺錢。

　　這個只有靠自己親自去體悟,隨著時間累積沉澱,也許慢慢就會明白,這不是站著說話不腰疼,即便是躺著、趴著、跪著,也要這麼說,這麼做。

　　關鍵順序:平凡人是先擁有,再付出;成功者是先付出,再擁有!

　　關鍵順序:平凡人是先擁有,再付出;成功者是先付出,再擁有!

　　關鍵順序:平凡人是先擁有,再付出;成功者是先付出,

再擁有！

重要的事情要說三遍！！！這和學歷無關，和社會地位無關，也和你的家庭背景毫無關係，就只是一種思考順序問題。

哪怕今天是一位小學畢業的小孩具有這種思維模式，將來肯定會成為有錢人，這是無可爭議的事實，像有些暴發戶或是學歷不高的人擁有了可觀的財富時，他的思維模式肯定是和其他人不一樣，這時候你可能在想：我的確沒有錢，有些東西我想買、有些不錯的想投資，但最後都不敢買、不敢投。

因為總是在擔心會不會買了就沒錢，投下去會不會就虧錢！這正是缺錢人的想法，導致一個人一輩子都窮，一直無法翻身，為什麼呢？就是因為你總第一個想到錢，接著就想到缺錢。

猜猜看世界上99%的人，生命中大部分的時間都在想什麼？你猜對了！就是想著缺錢，你若全神貫注於你所缺乏的，那可以保證你缺乏的只會愈來愈多！

學習富豪者的購買思維和方式

當我們全神貫注的想著一件事情，不管這件事情是不是你我想要的，都一定會成真。

假如你現在的思維格局和以往不同，儘管你現在沒錢，還沒達到財富自由，你也要覺得自己有錢，你可以拒絕和三五好友的吃飯局，或是減少和朋友出去聚餐的次數，但如果有出去吃飯就是你要買單，否則就不要去；平時包包、衣服很少買，一旦要買就買最好的，最貴的，千萬不要去應付；大多數人的思維都是覺得買廉價的東西能對付就好，因為大家都是這麼做的，所以他們的狀況也是一直處於困窘的。

所以你不能這樣做，愈沒有錢的時候，愈要做有錢人的行為和思維，這才是富豪者的模式；假設，你過去都買台幣2000元以內的一雙鞋子，每年買四雙鞋子共花了台幣8000元左右，那現在花台幣8000元買兩雙鞋子，甚至只買一雙名牌鞋！

這和多少錢沒有關聯，與你的思維格局有很大的關聯，買任何東西都是如此，這就是富豪者的購買思維和方式，因此請留意讓你尊敬、佩服的人，並深入了解你想成為那種人的生活信念。

　　我的教練在我一無所有，從零起步的時候告訴我：「從現在就開始捐錢助人，不是等到之後你有錢了才這樣做，先要有自己是有錢人的感覺，做出有錢人會做的事情。」

　　別總想著自己要賺多少錢，只需記得你要捐多少錢出來幫助社會就行了，不要想著自己有房、有車，是要想著自己要送別人房子，車子，要讓你身邊的朋友都住五星級飯店、開名車。

　　因為唯有你這麼想，這麼做的時候，自然而然什麼就都會有了，當你能給別人一杯水的時候，實際上你已經擁有一桶水了。

　　還記得2005年我剛入行做教育培訓的時候，有一位身價超過10億的老闆來課堂上學習，令我好奇的是這位學員他

只有國小畢業，為何能如此的成功？後來在一次聚餐中閒聊，這位老闆才透露他成功的秘訣。

他說沒別的就是敢花錢、敢送禮，他的大絕招就是敢給各式各樣的禮物，已經練到花台幣1萬元，就能賺台幣50萬、100萬的境界。

不過，偶爾也有花10萬台幣卻沒有回報的時候，不賺錢就換個人才繼續送，最後他成了行業老大。

他說這期間也遇到過很多來騙人的，錢燒了，禮也送了，卻沒得到任何的收益，這樣就練就了一個本領？應該向誰花錢，向誰送禮呢？憑感覺猜測他就能對個八九不離十。

否則一般來說，愈是捨得花錢的朋友，賺錢的速度會愈快，反之愈是容易斤斤計較，要求又一大堆的朋友，愈是什麼也得不到！

學歷高低不是賺錢的武器，一切都是思維模式的改變，集中反應思考方式，也和運氣沒有太大的關聯。出來混的早晚都要還，沒有人可以完全靠運氣安然無恙地走遍江湖，對

吧！

了解創業潛規則，無往不利

想要搞定老師其實很簡單：第一，你可以給予老師一個超出他預期的好處；第二，就是你要和其他人不一樣，如果傳去的訊息老師沒有回覆，可以接著傳語音訊息過去說：「某某老師你好！我想約你吃飯，我請客，只要你開口就好，知道你平常太忙了，所以我願意付錢買你的午餐時間。」

如果你不想花錢，那你可以去主動幫助他完成他關心在乎的事情，付出你的時間和精力幫助老師做一些事情，這時你就和那些直接騷擾老師想獲得免費詢問的人不一樣了。

這點我有很深的體會，網路的時代讓溝通變得很容易、很簡單，卻也變得很難，這是為什麼？

舉個例子：假設每天有20個人要找我，從早安問候到後面詢問問題，如果每個我都認真去回應，那麼我一整天下來

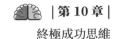

基本上什麼事都不用做了，光回覆這20個人，可能一天24小時都不夠用。

　　那這時20個人裡面，我會選擇先跟誰溝通？
1、願意付費用的。
2、對我利用價值的。
3、跟我還算熟的。

　　不是說我有多勢利，因為這是創業這條路的潛規則。如果你連這個都聽不懂，可以估計你在創業之路上會很難吃得消。

　　所以，當你向某一方面專業比你強的人請教時，記得一定要提供對方需要的價值，否則人家為什麼要幫你，而且就算幫你了也會有所保留。

學習為價值買單的哲學

　　而你要提供什麼價值呢？最簡單的方式就是花點錢在這個學習的過程，或是觀察對方可能會有什麼其他的需求，是你可以去滿足的、去幫助的。當我們有求於別人，對方也確實能幫助我們，記得要學會買單、學會為價值買單。

　　可能你只付出了幾千元，卻認識了一位能夠幫助你的朋友，而這位朋友既然能幫你一次，是不是也能幫你第二次，第三？學會感恩同時也要學會為價值買單，尤其是當你因為他而賺到錢的時候，一定要學會分錢，這就是先分錢，先給小費的原理。

　　國外流行給小費，通常都是用餐結束的時候給小費，無論服務好或壞都已經過去了，但如果是先給小費，這時服務生會服務的更好更多，雖然台灣比較少有給小費的習慣，不過你下次去吃飯時可以測試看看先給小費和用完餐後給的差別。

假如你到一間餐廳吃飯，點完菜，叫服務生過來，表情很嚴肅地請她把餐廳經理或老闆找來，這時擔心又緊張的服務生把老闆找來時，你告訴老闆，這位服務生的服務實在太專業了，想要當面表楊她，之後會常來這裡吃飯。

這時老闆和服務生都受寵若驚，對你的行為舉動格外周到，這比飯後再表揚效果更佳，如果你到櫃台要紙條寫一封簡單的表揚信，這樣櫃台的人員都會記住你，下次光顧時你會受到貴賓般的額外關照。

你分錢1次，會累積1位朋友，你分錢100次的時候，就有100位朋友，這時你還會害怕什麼事情做不成的嗎？

現今社會，要嘛你是送禮的，要嘛你是收禮的，如果你不收禮也不送禮，那麼很抱歉，可能這輩子也就這樣了。

各位，你一定要有一個觀念：「你現在所缺少的，這個世界上一定都有人擁有，你缺少的資源都在別人那裡，那些資源可以不為你所有，但可以為你所用。」如果你都不能提供，那就成為他的客戶，花錢買他的時間跟資源。

掌握選擇比努力重要

　　舉一個例子說明，假設你遇到了一個非常好的項目或專案：當朋友跟你推薦一個非常棒的項目或專案時，第一個感覺會是什麼？

　　是不是覺得，一定要抓住這個機會？是不是覺得，一定要現在立刻加入？是不是覺得，加入之後就可以改變現況？

　　你開始有了美好想法，這時如果朋友再提供一些加入可以額外獲得的優惠或好處，你可能就會因為無法抵擋誘惑而忍不住掏出錢加入，接下來你就會很積極的開始告訴每一個你所認識的朋友說：「這個項目或專案是好項目或專案，一定會賺錢，一定能讓我們成功⋯⋯。」這樣的思維模式，我們稱之為：正向思維！

　　它的流程是：先找項目或專案，再找客戶！然而加入到一個新項目或專案並不是急著馬上就去推廣，而是自己先要了解這個項目或專案，掌握它的優勢跟賣點，進而開始布局規

劃,打造銷售流程........等等。

　　很多人在經營項目或專案的過程中一個月沒賺錢,還過得去;兩個月沒賺錢,也還勉強過得去;三個月沒賺錢,有些小難過;六個月沒賺錢,開始動搖了;如果做了一年還沒賺到錢,這時90%的人便會放棄不做了,尋找另一個項目或專案,希望在新的項目或專案中反敗為勝!然而事實是往往重複舊行為只會得到同樣的結果,並不會為我們帶來新希望。

　　這樣的案例在直銷界很常見,我曾遇見很多人三不五時就換一個項目或專案做,常常到頭來白忙一場,不但沒有賺到錢還浪費了自己寶貴的時間跟人脈資源,成功不能只靠努力,更要靠智慧,沒有智慧的努力就是愚蠢,常常聽到一句話:「選擇比努力重要!」就是這個道理!

　　你是不是曾經也經歷過類似的情況呢?明明自己覺得項目或專案的確不錯,但是實際操作的時候,屢屢出現問題,然後信心愈來愈少。最後因能力與資源不足的情況下抵擋不了現實生活的壓力而不得不放棄!

如果，我們把它的順序來顛倒一下，用「逆向思維」來操作又是什麼情況呢？

　　把操作項目或專案流程的顛倒一下，不是用習慣性的思維去思考：

　　正向：先找項目或專案，再找客戶！
　　逆向：先找客戶，再找項目或專案！
　　把這個流程被相反過來後，會產生什麼變化呢？

習慣逆向流程思考

　　在這個逆向流程裡面，找客戶是首要條件，請你注意這裡的關鍵字，不是找產品，而是先取得客戶的信任，讓別人信任你！怎麼做呢？

　　商業的本質是交易，而交易的本質是價值交換。所以，如果你想獲得別人手上的價值，請先看看自己手上擁有什麼樣

的價值吧！

無論你學到的是思路，還是具體步驟，必須馬上能夠落地實踐，唯有如此一切才能為你所用；否則你學習再多屬害的能力技術都沒有用！

請記住：學習的目地是使用，學習是為了幫助我們獲得更好的結果！要當知識的實踐者，不要當知識的儲存者。

如果這本書不能像我所承諾的一樣，打開你的思維，讓你的事業更成功，人生更順遂，那麼我就沒有理由推薦你看這本書。

看到這裡請你自問一下：目前在這本書上所學到的思維模式和商業智慧，能在一般網路上搜索到嗎？你有沒有覺得和你過去所看過的書籍有很大的差異化呢？有沒有學到一些讓你大開眼界的知識呢？哪些部份讓你有所收獲，有所成長呢？

假如我分享給你的東西沒有讓你增加見識和領悟思維，你大可以不需要付出這個學習成本，也不可能再投資自己成為「張老師商戰心理學的正課學員」，因為這只是在浪費你的時間跟金錢而已。

善用正確思維與心態，讓夢想早日實現

一個沒有身分地位、沒有家庭背景、沒有靠山、沒有天賦、不靠父母、不靠賣身賣藝，唯一可以依靠的變量就是你的思維格局。

如果你目前是一無所有，甚至負債累累都不需要擔心，因為只要有正確的思維與心態，夢想依舊能實現，人生依舊會精彩，只要把時間精力用對框架（時空角），堅持到底，永不放棄，有朝一日一定也可以成為人人稱羨的人生勝利組，成為父母心中的驕傲，成為孩子一生的榜樣，成為伴侶眼中的偶像！

如果你沒有意識到這一點，那麼你的這一生已經可以預

測大概了，將不會有什麼波瀾，也沒什麼起色，如果能很平淡平安的過完這輩子已經算很幸運了。但如果你是想要有精彩的人生富裕的生活，那麼有時候遇到機會該衝就要敢衝，當然該收斂的時候也要收斂，讓自己能做到運籌帷幄之中，決勝千里之外！

尤其經營事業更要有布局的思維才容易成功！誠如《中庸》裡所言：「凡事豫則立，不豫則廢。」我們做任何事，必須要先有周詳的計畫，再按照計畫逐步執行，於是就能達成預定的目標；否則，事先沒有準備，不是臨時抱佛腳，就是邊想邊做，邊做邊想，那就沒有成功的一天！

最後建議你找個安靜的夜晚，坐在書桌前，把心靜下來，好好的思考沉澱，把從這本書上所學到的心得感悟寫下來，重新為自己制定遠大的目標。

制定一個能讓自己熱血沸騰的目標，想到就會無比興奮的目標，然後運用逆向思維，結合自己目前的環境資源（時空角），制定行動方案，立刻行動，不要再猶豫不決、三心二意，

人生可以奮鬥的階段其實很短暫，要好好把握每一天寶貴的時間，努力不懈，只做對自己目標最有生產力的事情，其他瑣事都授權給別人去做，相信你的人生會開始朝正向循環，事業一定會愈來愈成功，人生也一定會愈來愈充實！

　　希望有一天能在我所舉辦的商戰心理學課程中與你相見，讓我們一起教學相長，一起努力為這個世界貢獻價值，不枉此生！

創業致勝的 10 大思維筆記

只有 3% 成功者才知道的祕密

　　在寫這本書的過程中，我經常會產生一種像佛祖普渡眾生、耶穌神愛世人的感覺。當然，也許用這樣來形容不太貼切，請不要介意我無意把自己給神化，只是我真的感覺這本書的內容可以幫助到很多人——可以幫助到他們的家庭更和諧、幫助到他們的婚姻更美滿、幫助他們的事業更成功、幫助他們的人生更順遂！而當我感受到：我正在為人類世界傳播一種商戰智慧正能量的時候，一股自豪的感覺油然而生。

　　而這是一種真正發自內心的喜悅，透過助人所帶來的成就感與快樂是物質享受所無法比擬的，誠如世界首富比爾蓋茲曾說：「有能力助人是一種福報！」倘若你也有餘力也有意願助人也懇請你一起與我傳播正能量，讓世界因你我的存在而變得更加美好！

　　最後希望有緣閱讀到這本書的朋友，能透過親身實踐書中所分享的思維，為自己開創不一樣的人生，也期待有一天能親自聽你訴說屬於你自己的傳奇故事！

創業難、銷售難、賺錢難——怎麼辦？

你是否總是羨慕別人靠著創業成功能過著開名車，住豪宅，環遊世界的富裕生活……而對你而言創業成功是否是遙不可及的夢想？

其實這不能怪你，因為或許從來沒有人告訴你關於創業成功背後的核心祕密……所以你還沒有創造出你想要的結果。

其實要想創業成功關鍵不是找到一個好產品，也不是設計一套好制度，不管你是想創業還是做銷售只要能把一件事情搞明白，就離成功不遠了，想知道這個只有3%成功者才知道的祕密嗎？請立即報名我們的商戰智慧講座，每場只開放36個VIP體驗名額，請掃以下二維碼進入報名方式，或是臉書蒐尋〈力兆國際NLP商戰心理學〉。

力兆國際NLP商戰心理學官方
Facebook粉絲專頁

力兆國際商戰心理學
Youtube宣傳影片

力兆商戰心理學系列課程介紹

無敵說服＿高階班

商戰智慧＿精華班

邁向卓越領袖之路

創業實戰＿弟子班

嶺峰銷講＿導師班

商戰心理學學員公開見證

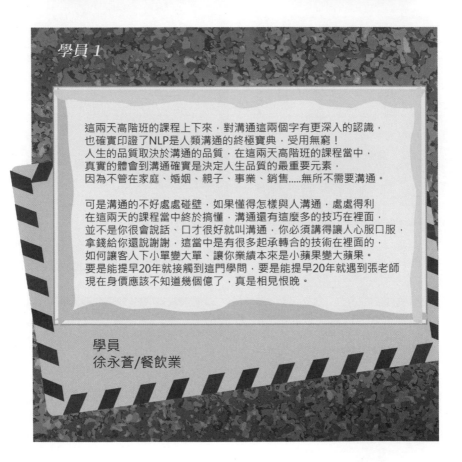

學員 1

這兩天高階班的課程上下來，對溝通這兩個字有更深入的認識，
也確實印證了NLP是人類溝通的終極寶典，受用無窮！
人生的品質取決於溝通的品質，在這兩天高階班的課程當中，
真實的體會到溝通確實是決定人生品質的最重要元素，
因為不管在家庭、婚姻、親子、事業、銷售......無所不需要溝通。

可是溝通的不好處處碰壁，如果懂得怎樣與人溝通，處處得利
在這兩天的課程當中終於搞懂，溝通還有這麼多的技巧在裡面，
並不是你很會說話、口才很好就叫溝通，你必須講得讓人心服口服，
拿錢給你還說謝謝，這當中是有很多起承轉合的技術在裡面的，
如何讓客人下小單變大單、讓你業績本來是小蘋果變大蘋果。
要是能提早20年就接觸到這門學問，要是能提早20年就遇到張老師
現在身價應該不知道幾個億了，真是相見恨晚。

學員
徐永蒼/餐飲業

學員 2

以前跟人聊天說話，真的總只是說話。從沒去思考過人的行為背後，有什麼動機。
溝通說服力，是人一生中的應該要培養的智慧。真的覺得太受用了！
這兩天的課程，回來複訓，很多的思維又重新整理過了！ 系統化的知識必須經過
不斷重複，重複的練習，才能提取自如，才能熟練提取變現的階段。

商戰智慧是一門非常不一樣的課程，每一次上課都非常精彩，讓我覺得津津有味，欲罷不能！
真的期許團隊中的夥伴們，以後有機會一定要來，打通思考上的任督二脈，
能夠加快夥伴們在力匯平台上的成功速度。
感恩我們在人生的道路上，遇見了張昶恩老師。

學員
黃碧惠/健康產業

【附錄 2】

學員 3

上完張老師兩天的 "一對一無敵說服高階班" 感覺只能用淋漓盡致，欲罷不能來形容。
兩天中思維不斷的被打開，固有的模式不斷的被推倒，覺得自己就像那乾涸已久的海綿，
饑渴的吸取老師給我們的水分，第一次在上課時，感覺到下課休息的時間過長，上課的
時間大大的不足。

語言溝通的力量和重要常被人們忽略低估， "贈人以言重於珠玉，傷人以言甚於劍戟" ，
"一言興邦，一言喪邦" ，在課堂上，老師讓我們明白溝通說服的重要，透過有系統
的方法和知識，說服五步曲的仔細解說和案例剖析，結合1P理論，理解六層次，上推，
平移，下推，54維度強有力問題發生器，再加上14種神回應術，讓我一窺一對一溝通說服
的力量的門徑，有種師傅引進門，修行在自己的感嘆。邯鄲學步，希望自己能不斷的複習，
實戰，學習，複習，實戰中儘快將老師所教的吸收內化，讓自己的生活有重大質變和量變。
最後謝謝張老師，謝謝各位共修的同學。

學員
黃柏榮/健康產業

學員 4

上完這兩天的高階班，只想說這是我上過含金量最高的課程！！

學了說服五步曲 (由理解六層次來識破動機、負面處理、透過上推平移下切
來改變需求、54維度撕傷口、放大需求、提供證據、推理到唯一、14種回應術
解除抗拒、限制框架、給出理由落地) 再加上透過語言檢定來了解問題，
相信這些內容我只要不斷的複習及練習，一定可以提升能力，將其運用
在銷售、組織、家庭，達成全方面的圓滿人生，感謝張老師的辛苦付出，
也感謝我自己做出願意學習的正確決定！

學員
詹志超/金融業

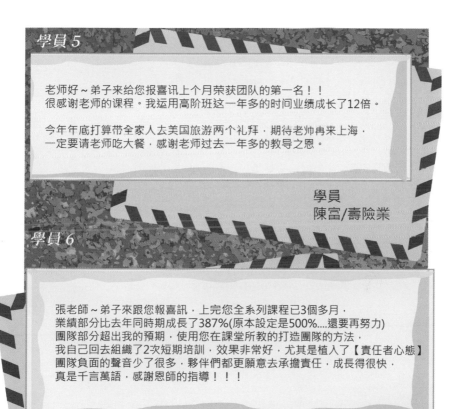

學員 5

老师好～弟子来给您报喜讯上个月荣获团队的第一名！！
很感谢老师的课程。我运用高阶班这一年多的时间业绩成长了12倍。

今年年底打算带全家人去美国旅游两个礼拜，期待老帅冉来上海，
一定要请老师吃大餐，感谢老师过去一年多的教导之恩。

學員
陳富/壽險業

學員 6

張老師～弟子來跟您報喜訊，上完您全系列課程已3個多月，
業績部分比去年同時期成長了387%(原本設定是500%....還要再努力)
團隊部分超出我的預期，使用您在課堂所教的打造團隊的方法，
我自己回去組織了2次短期培訓，效果非常好，尤其是植入了【責任者心態】
團隊負面的聲音少了很多，夥伴們都更願意去承擔責任，成長得很快，
真是千言萬語，感謝恩師的指導！！！

學員
Tony /美容產業

創業致勝的 10 大思維

——亞洲商戰心理學第一人張昶恩教你超前部署富裕人生之道

作者／張昶恩
協力製作／蕭家蓁
文字 & 執行編輯／李寶怡
封面設計&美術編輯／廖又儀
企畫選書人／賈俊國

總編輯／賈俊國
副總編輯／蘇士尹
編輯／高懿萩
行銷企畫／張莉滎、廖可筠、蕭羽猜

發行人／何飛鵬
法律顧問／元禾法律事務所王子文律師
出版／布克文化出版事業部
台北市中山區民生東路二段 141 號 8 樓
電話：02-2500-7008
傳真：02-2502-7676
Email：sbooker.service@cite.com.tw

發行／英屬蓋曼群島商家庭傳媒股份有限公司城邦分公司
台北市中山區民生東路二段 141 號 2 樓
書虫客服服務專線：02-25007718；25007719
24 小時傳真專線：02-25001990；25001991
劃撥帳號：19863813；戶名：書虫股份有限公司
讀者服務信箱：service@readingclub.com.tw

香港發行所／城邦(香港)出版集團有限公司
香港灣仔駱克道 193 號東超商業中心 1 樓
電話：852-2508-6231　傳真：852-2578-9337
Email：hkcite@biznetvigator.com

馬新發行所／城邦(馬新)出版集團 Cité (M) Sdn. Bhd.
41 Jalan Radin Anum, Bandar Baru Seri Petaling, 57000 Kuala Lumpur, Malaysia.
電話：+603- 9057 -8822
傳真：+603- 9057 -6622
Email：cite@cite.com.my

印刷／卡樂彩色製版印刷有限公司
初版／2020 年(民 109)7月
售價／新台幣 350 元
ISBN ／ 978-986-5405-80-9

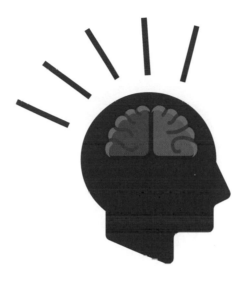

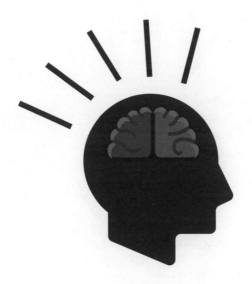